I0348324

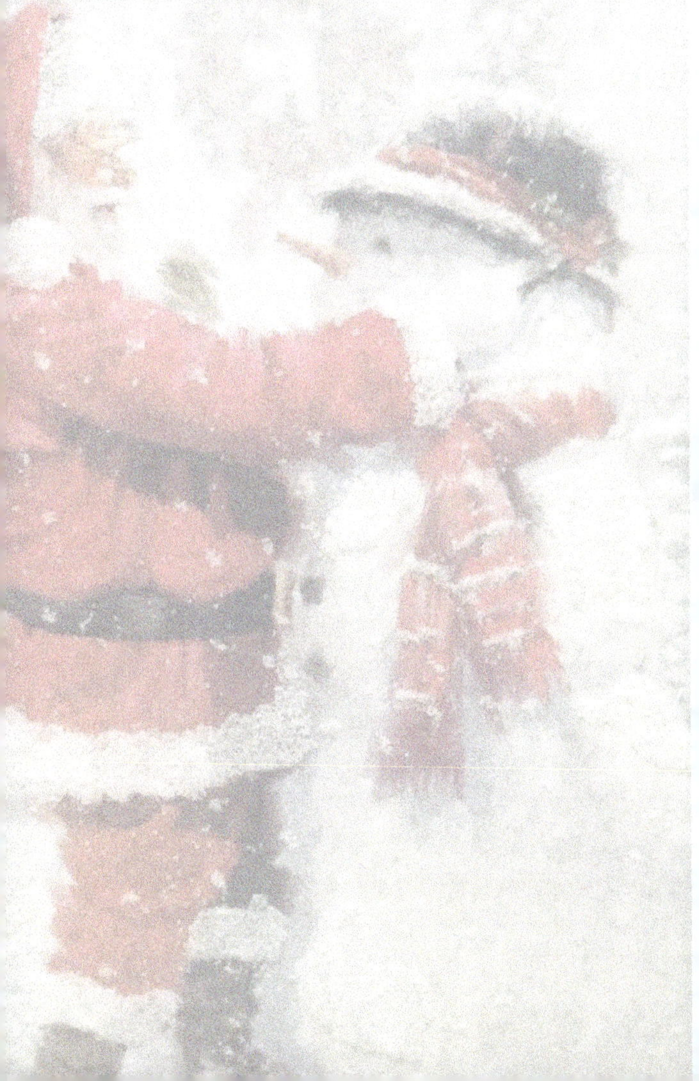

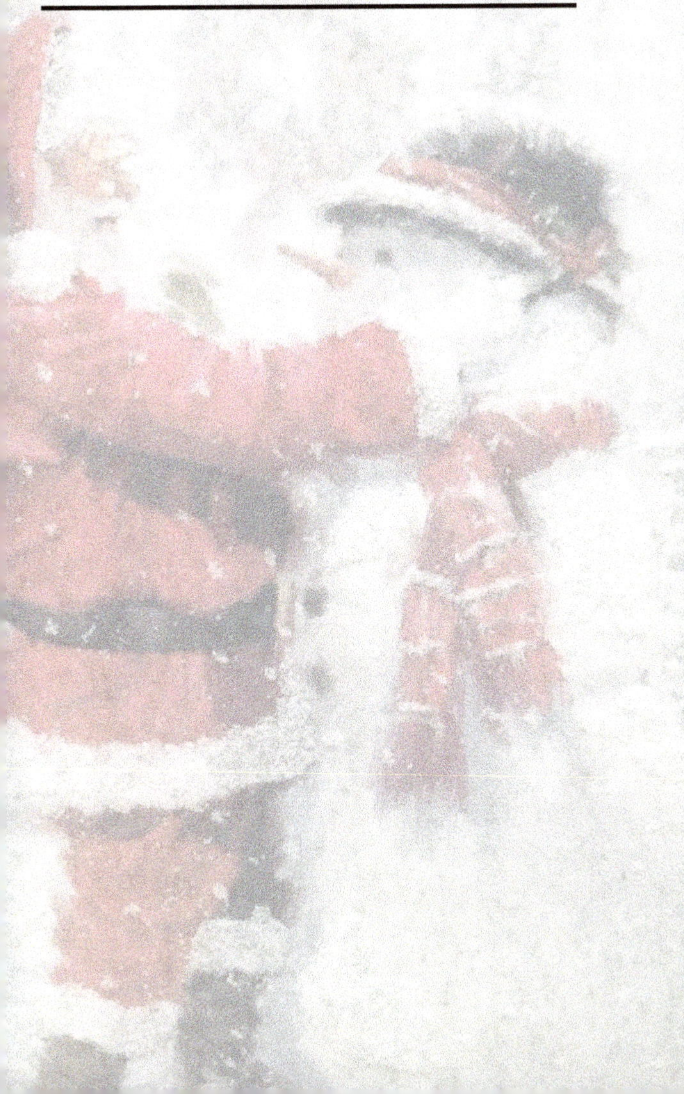

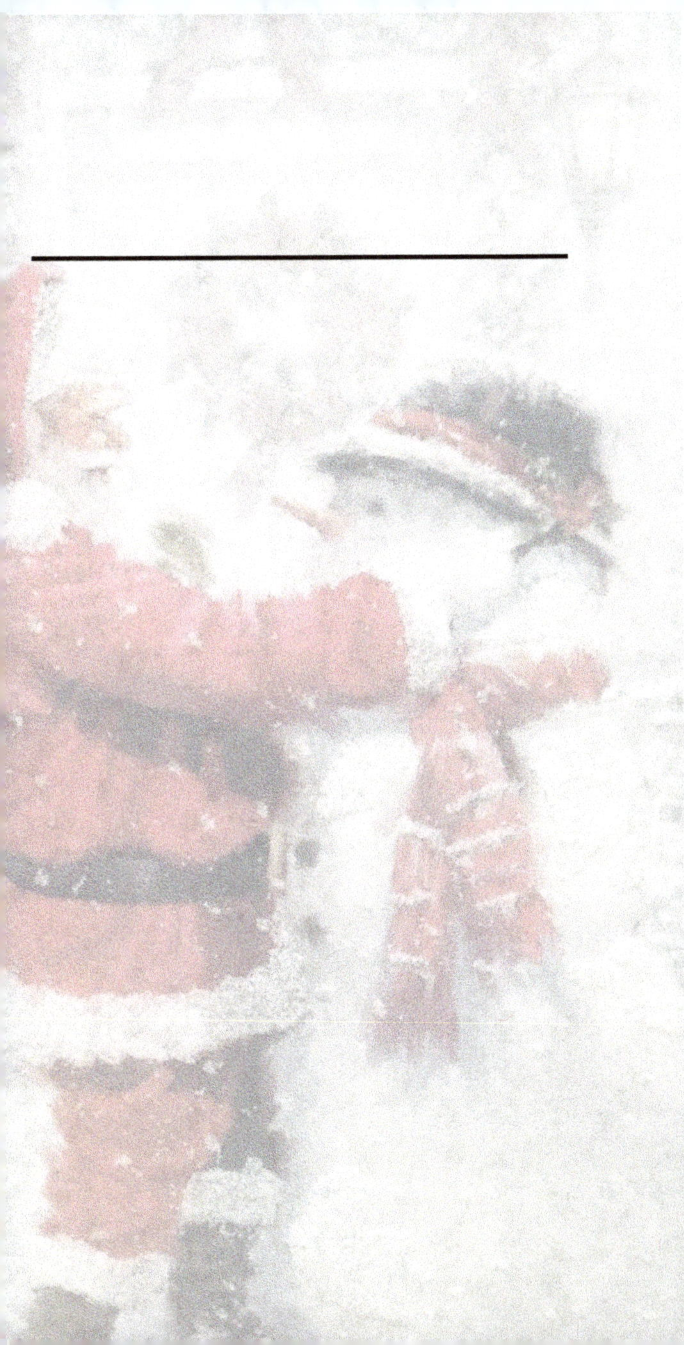

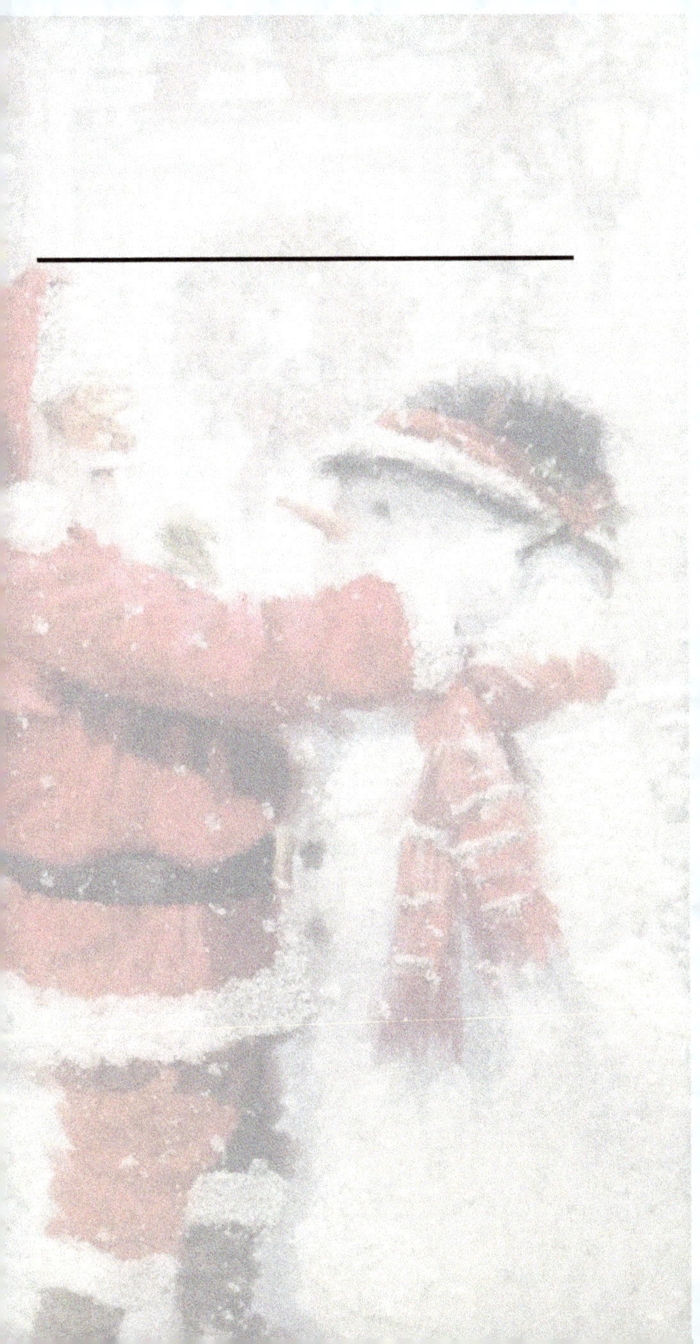

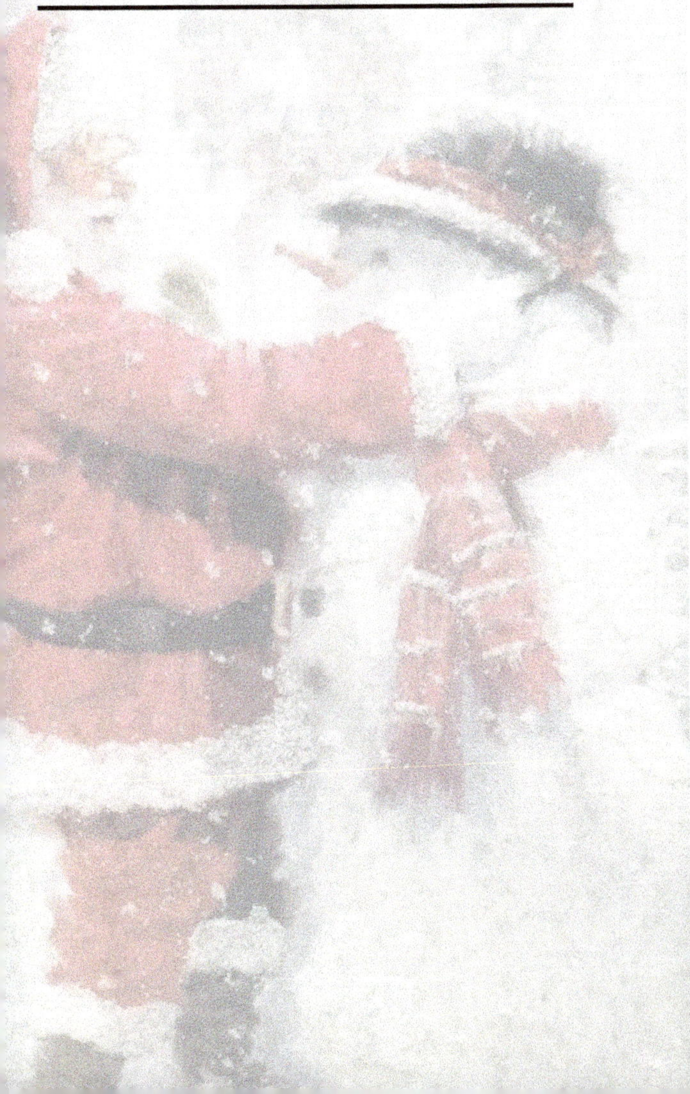

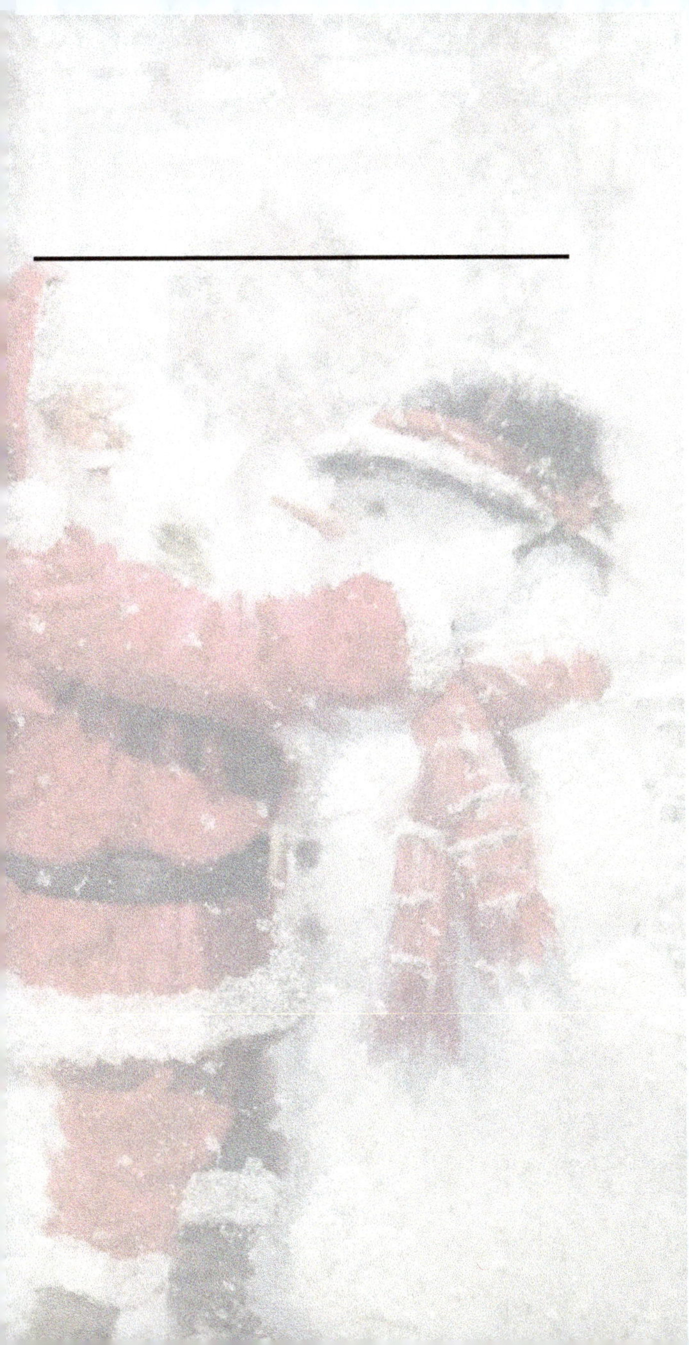

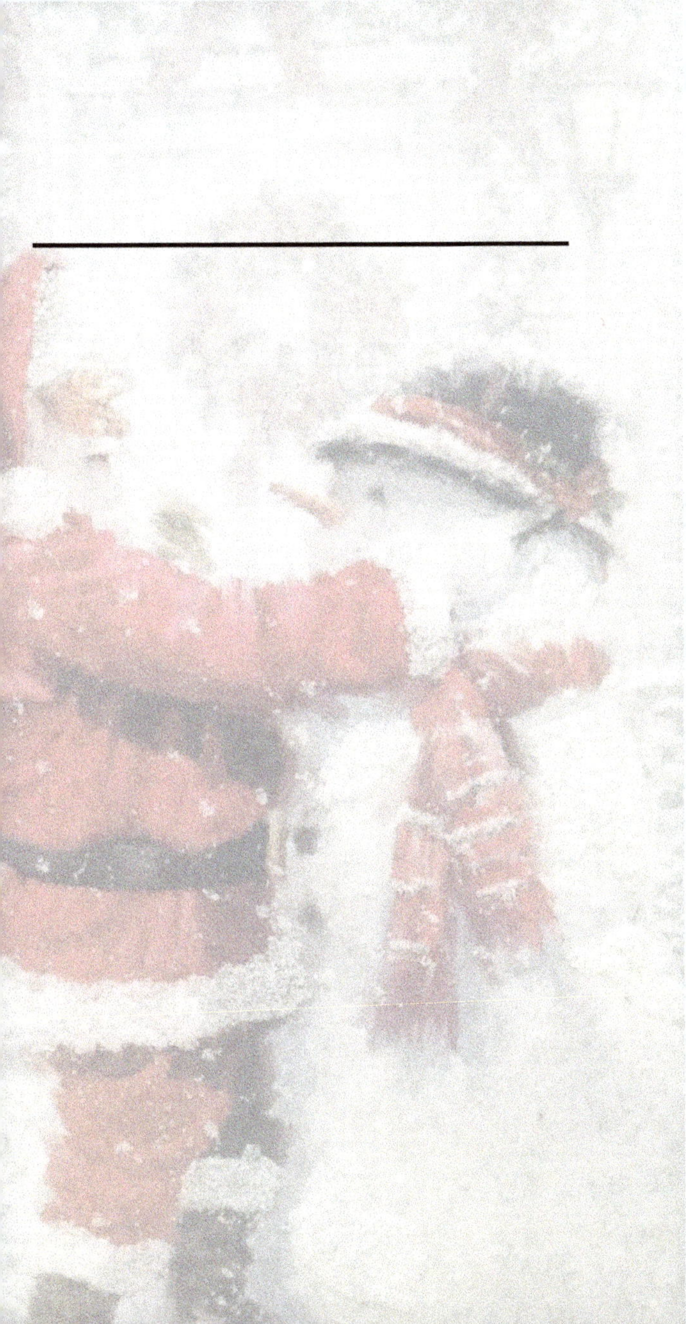

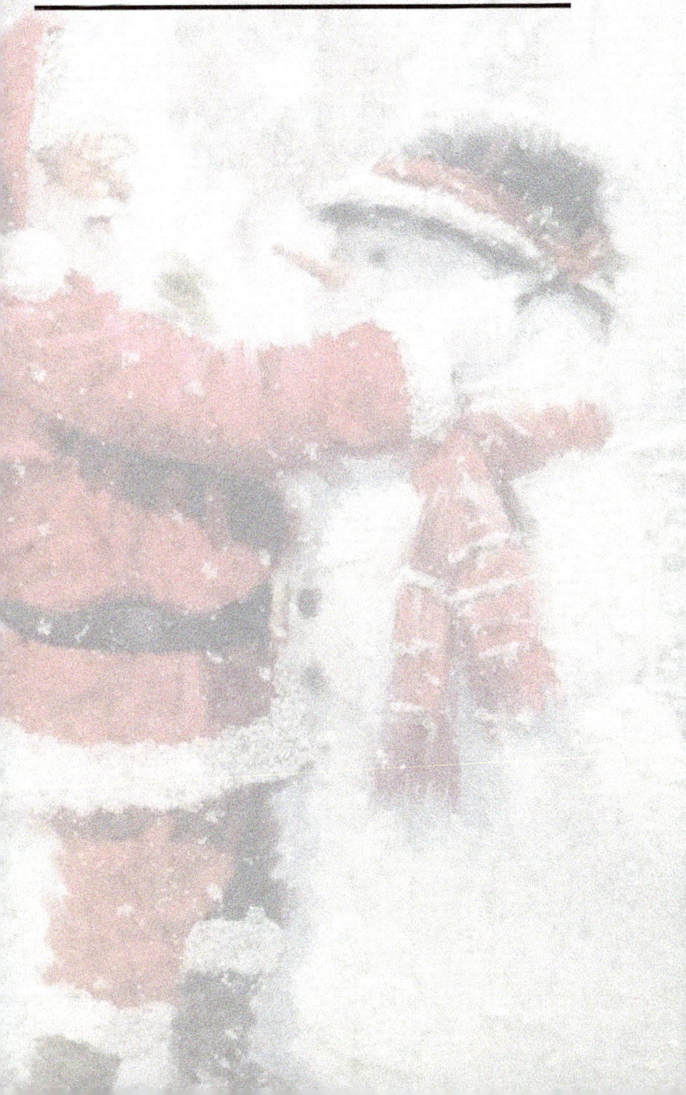

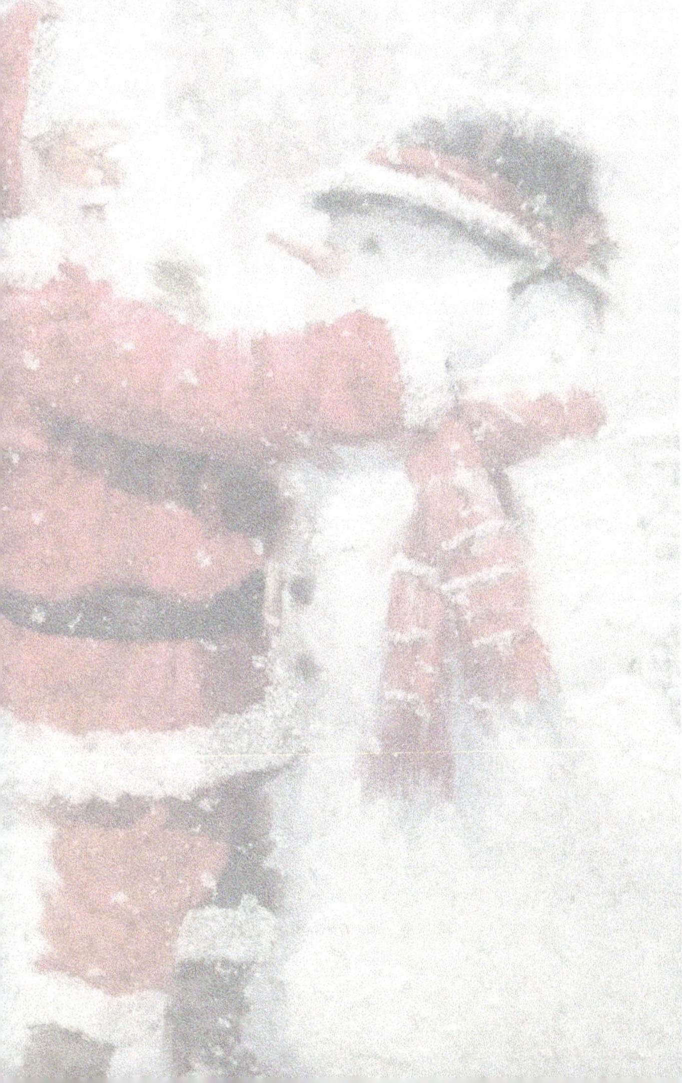

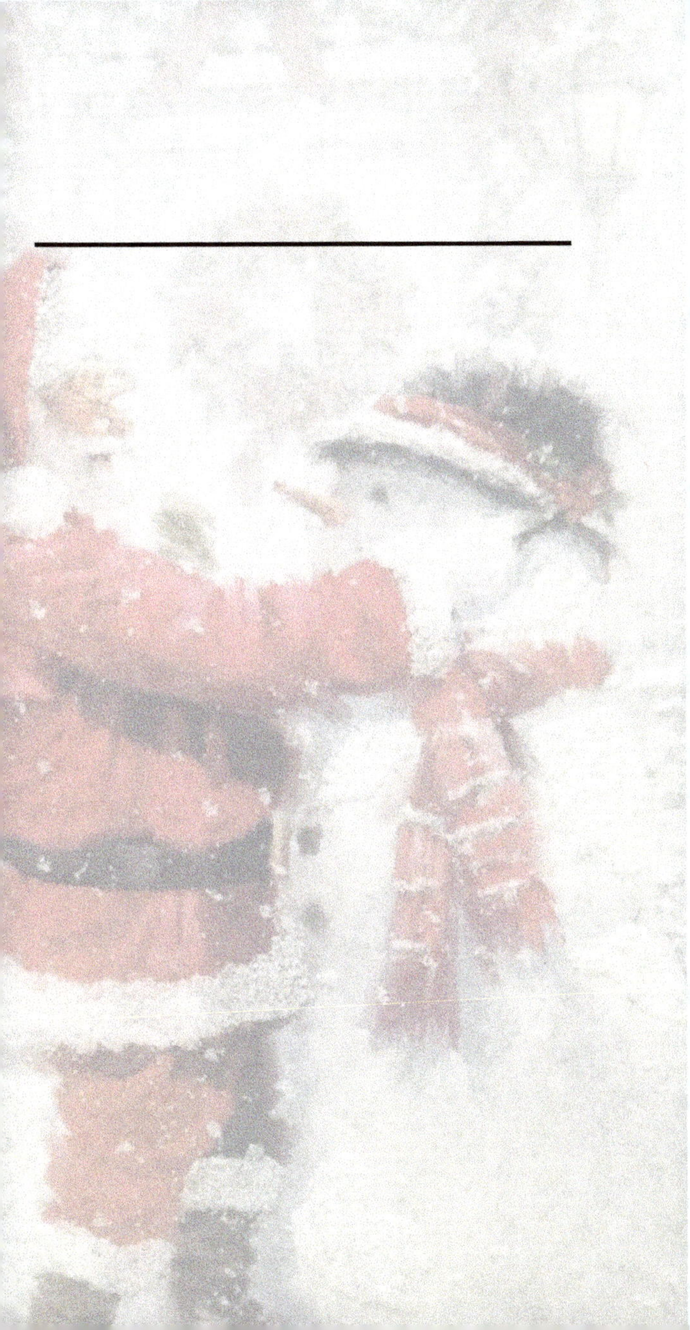

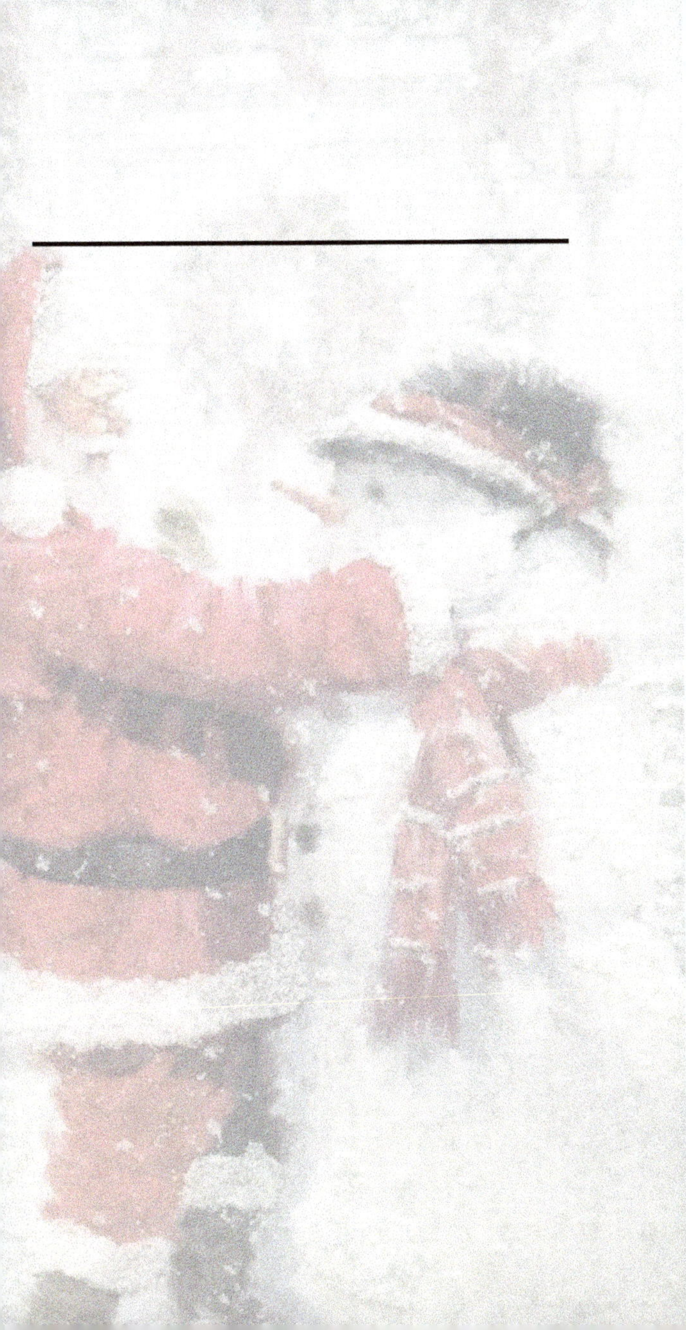

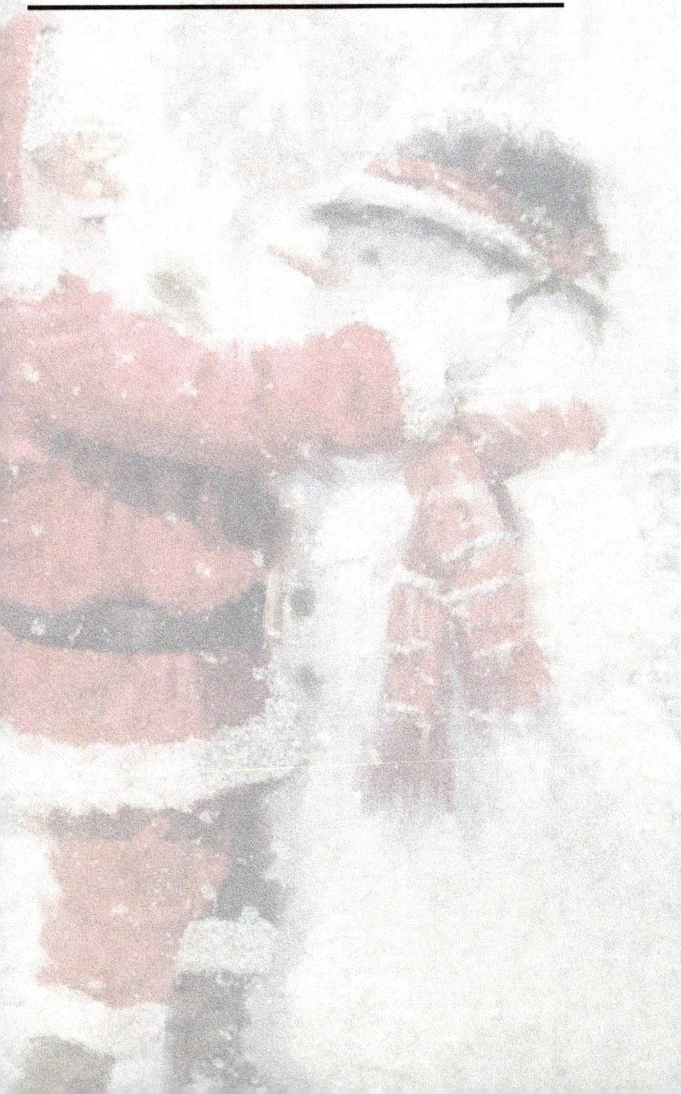

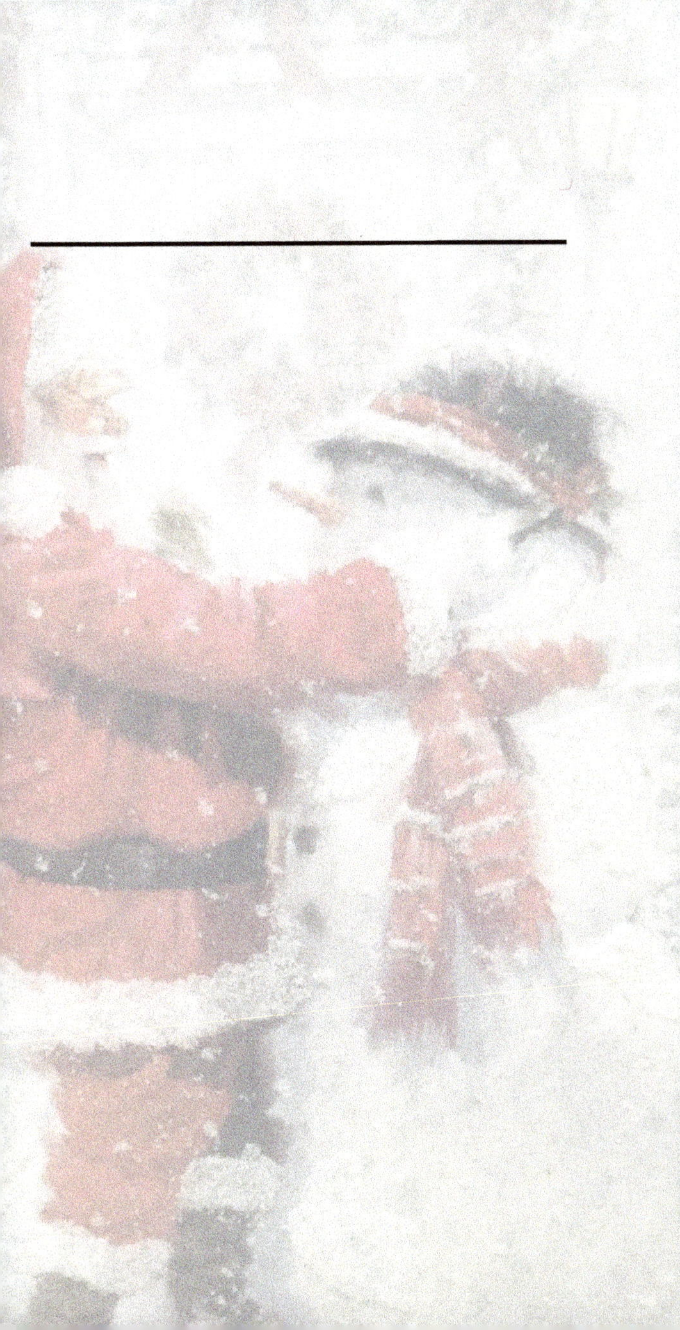

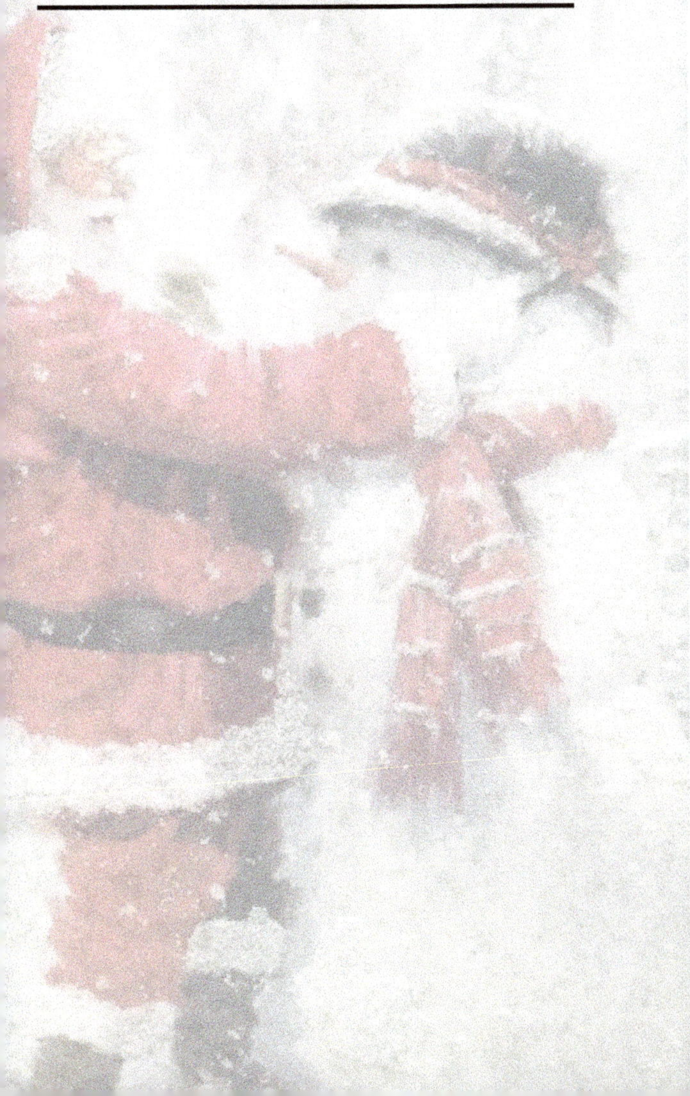

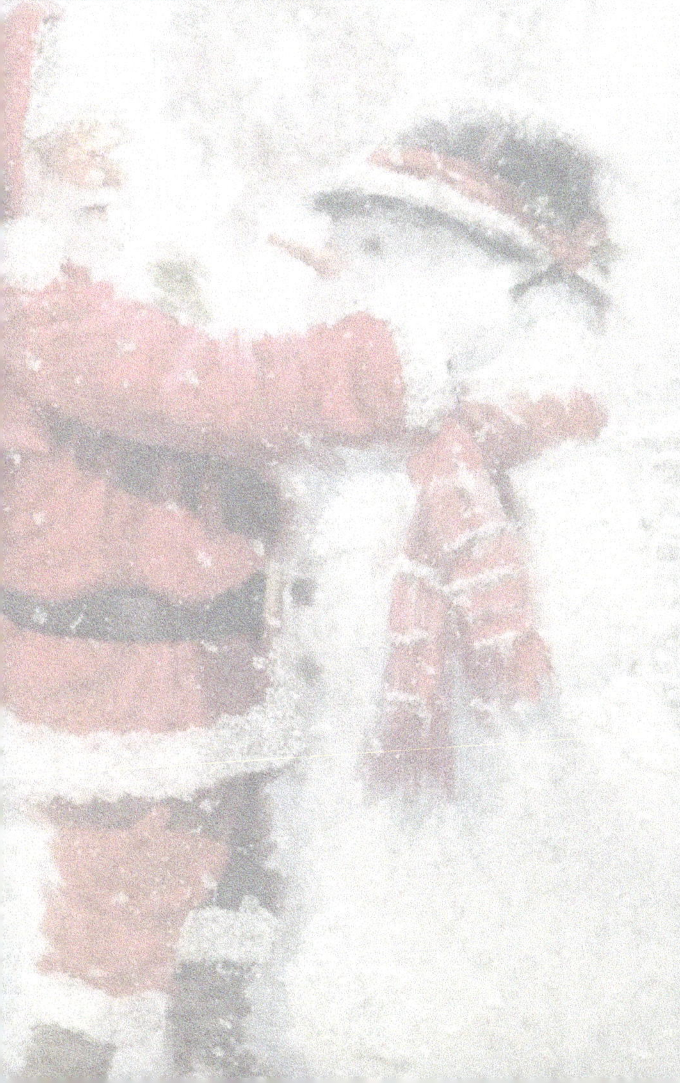

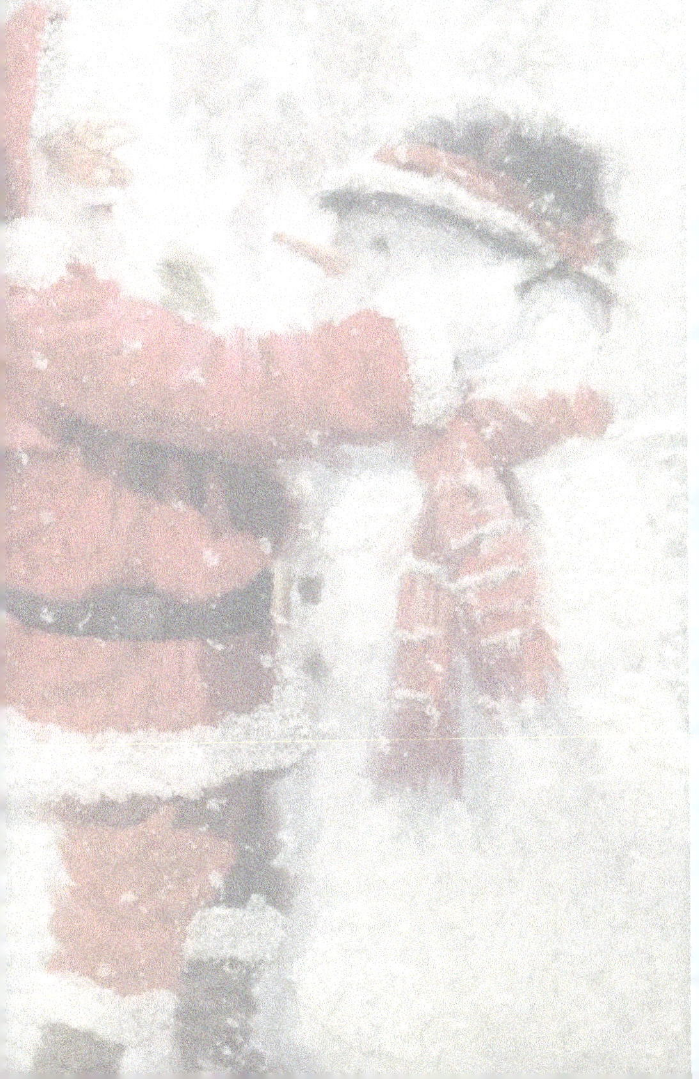

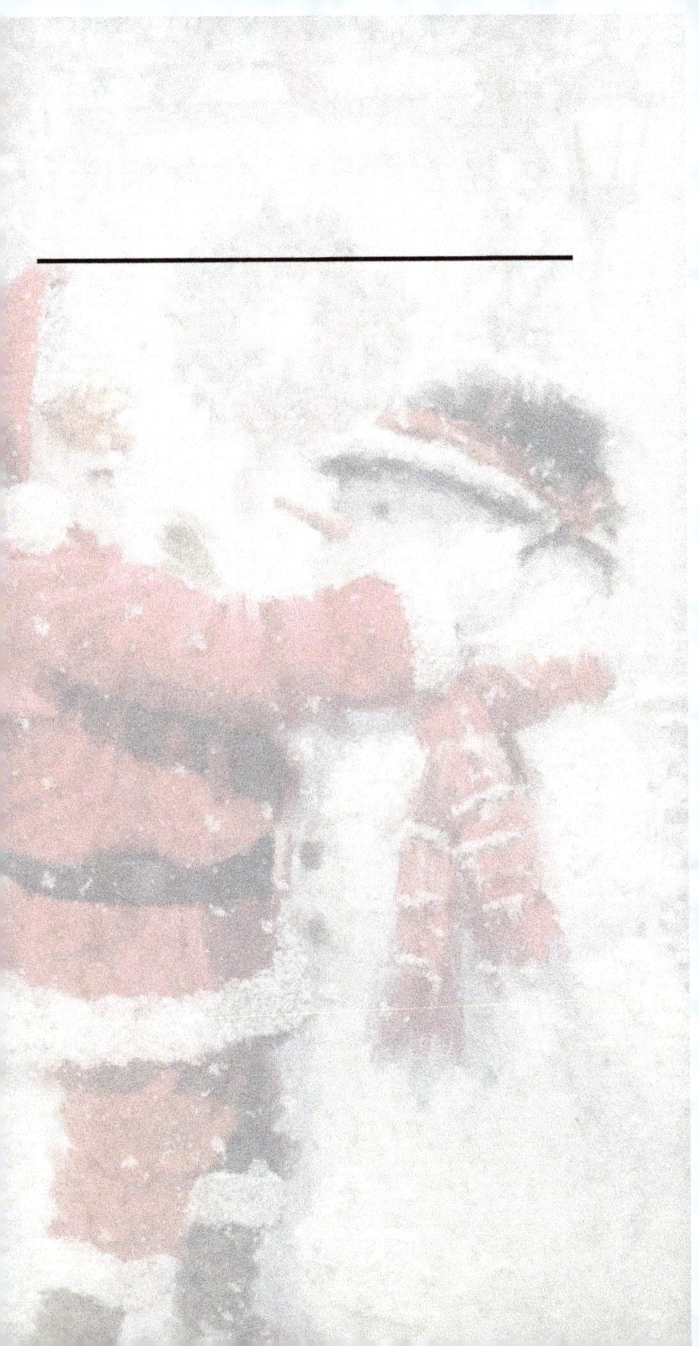

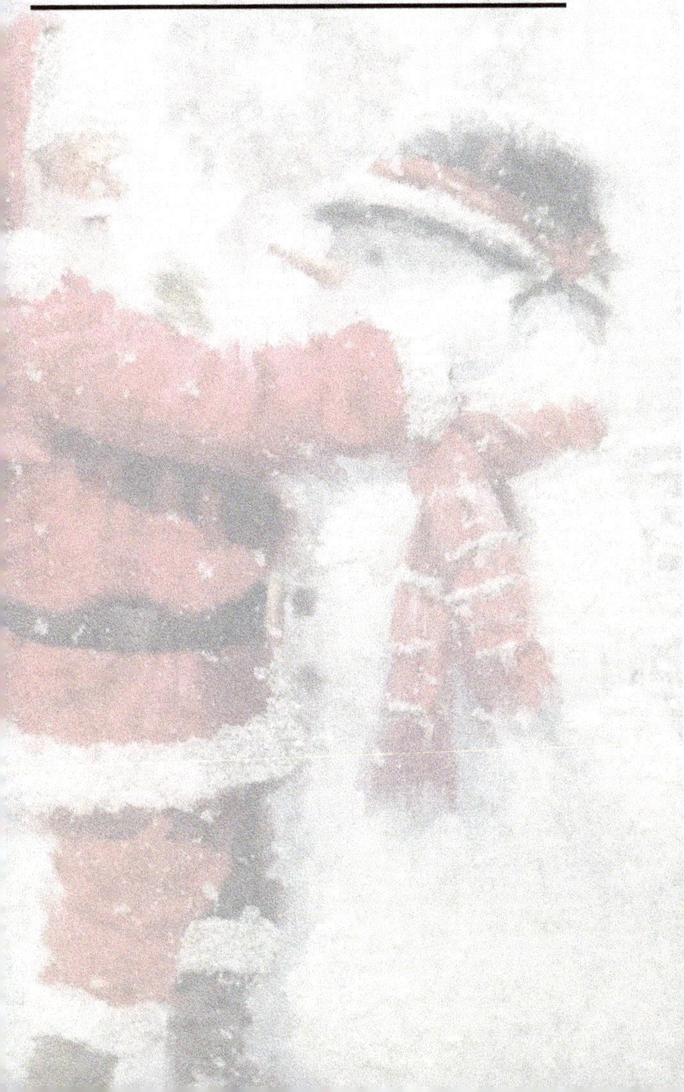

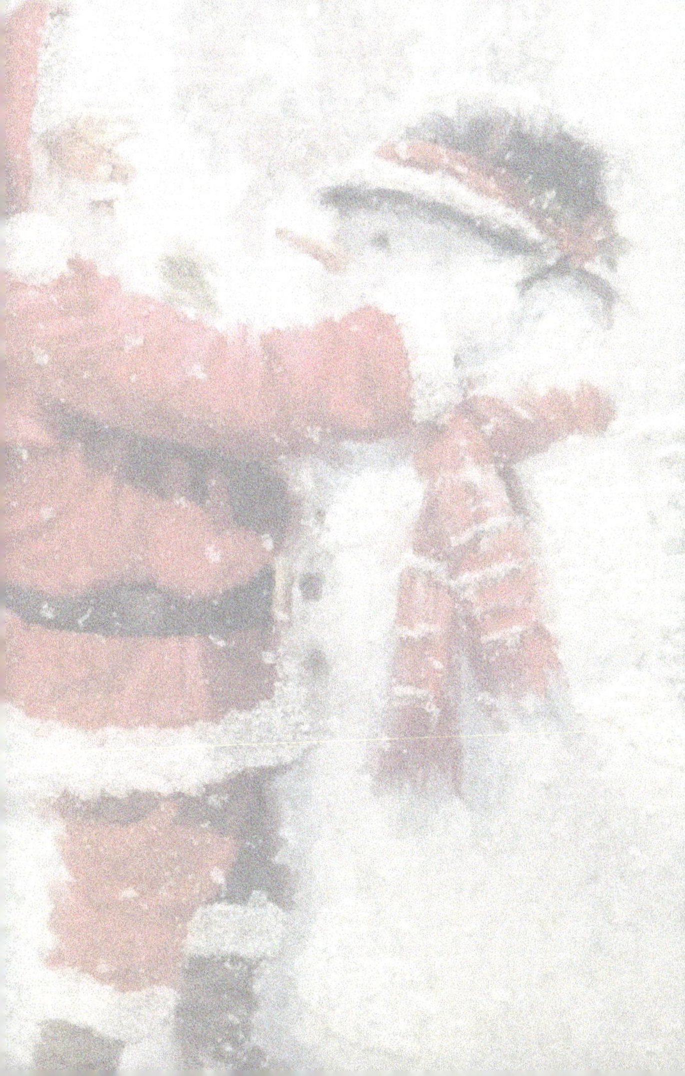

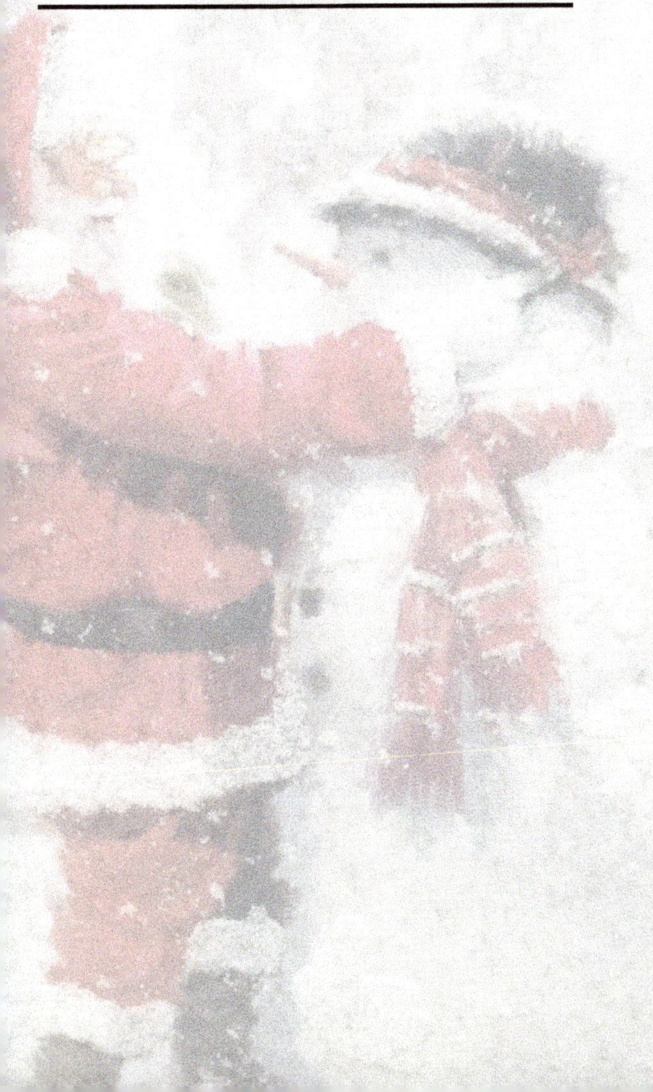

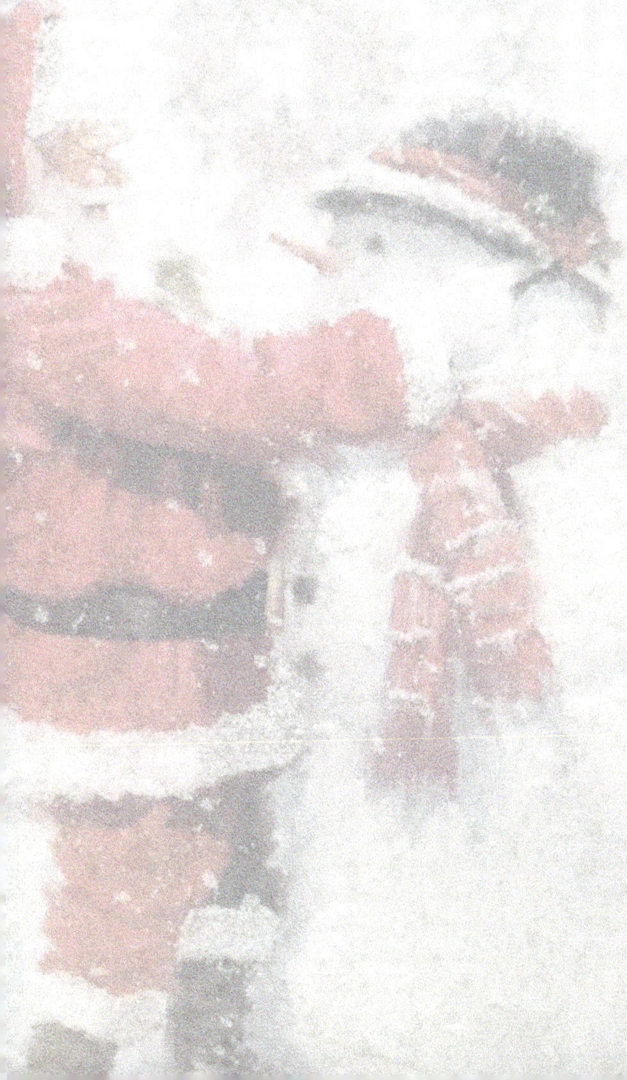

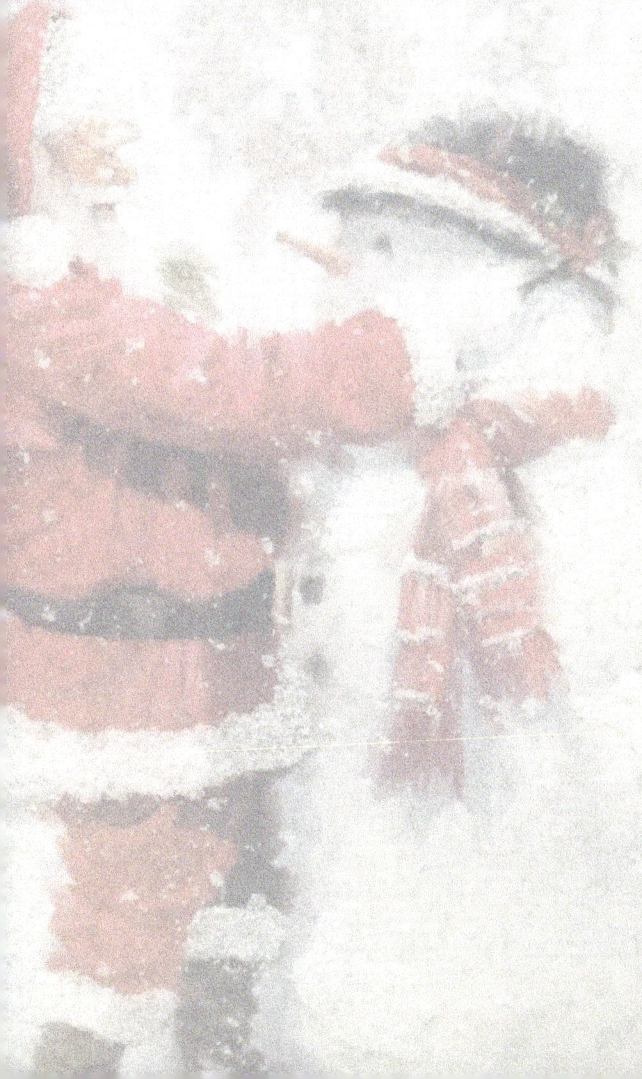

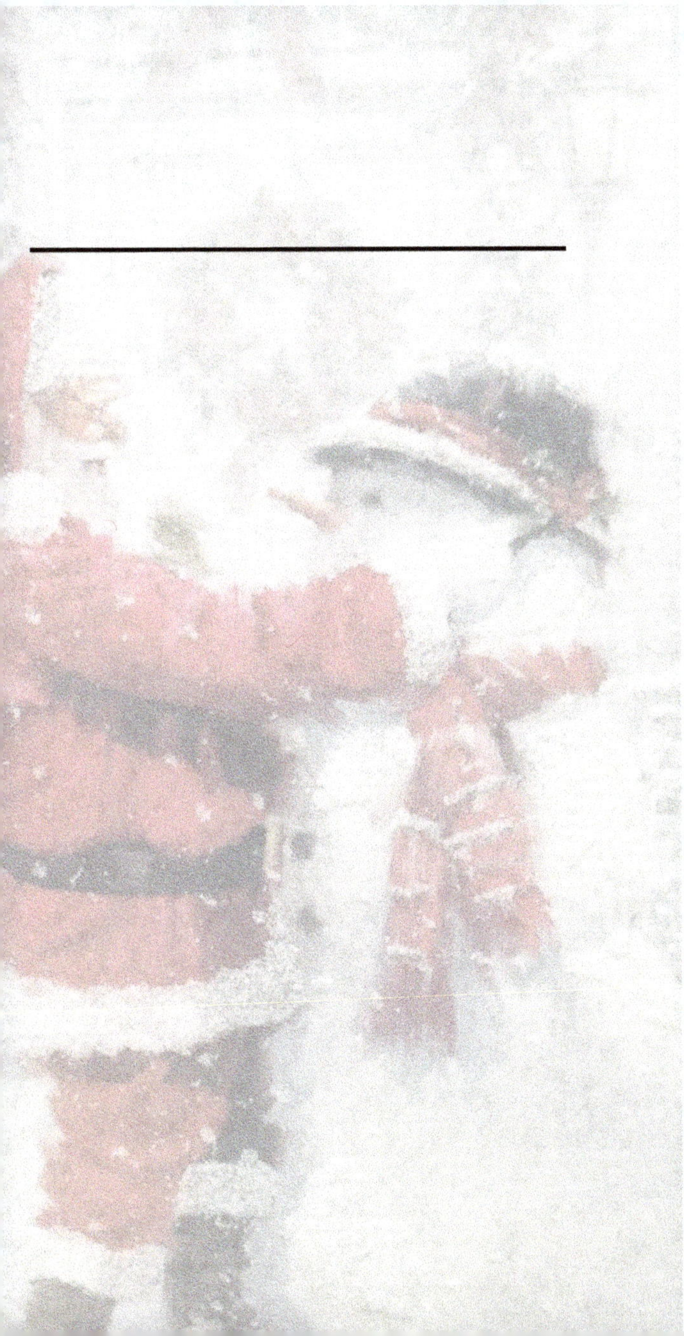

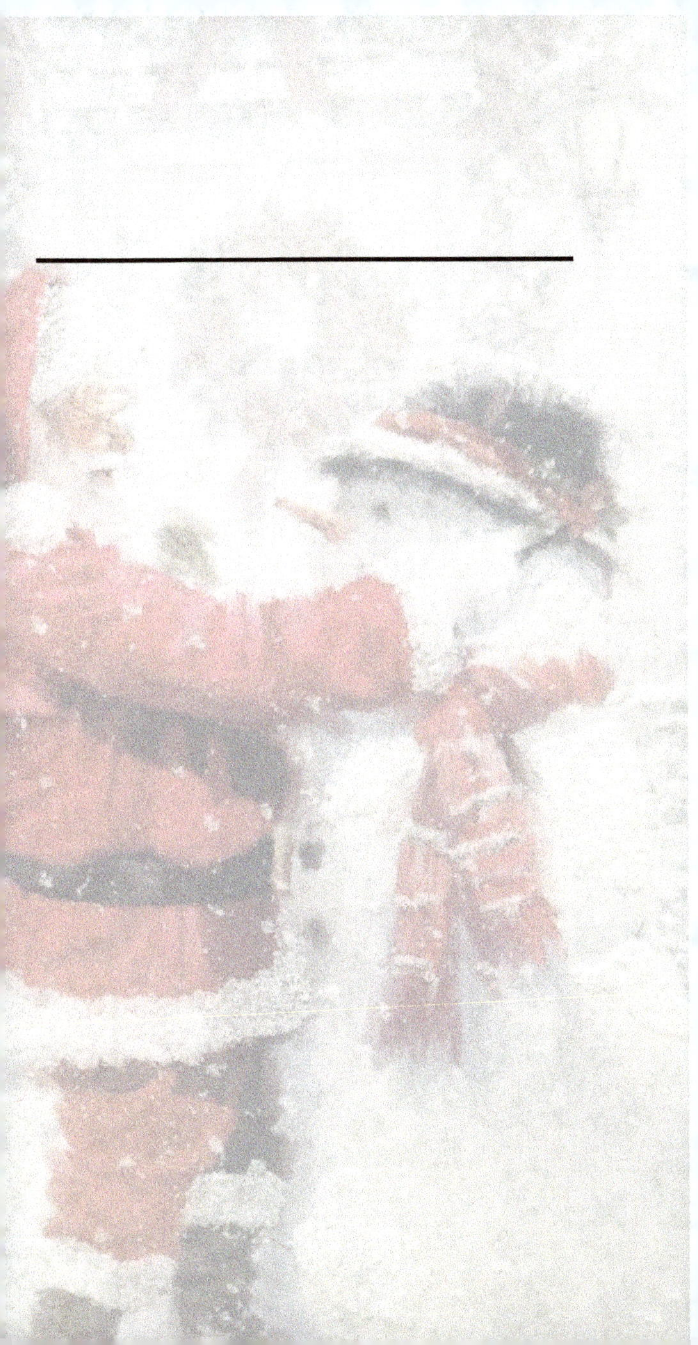

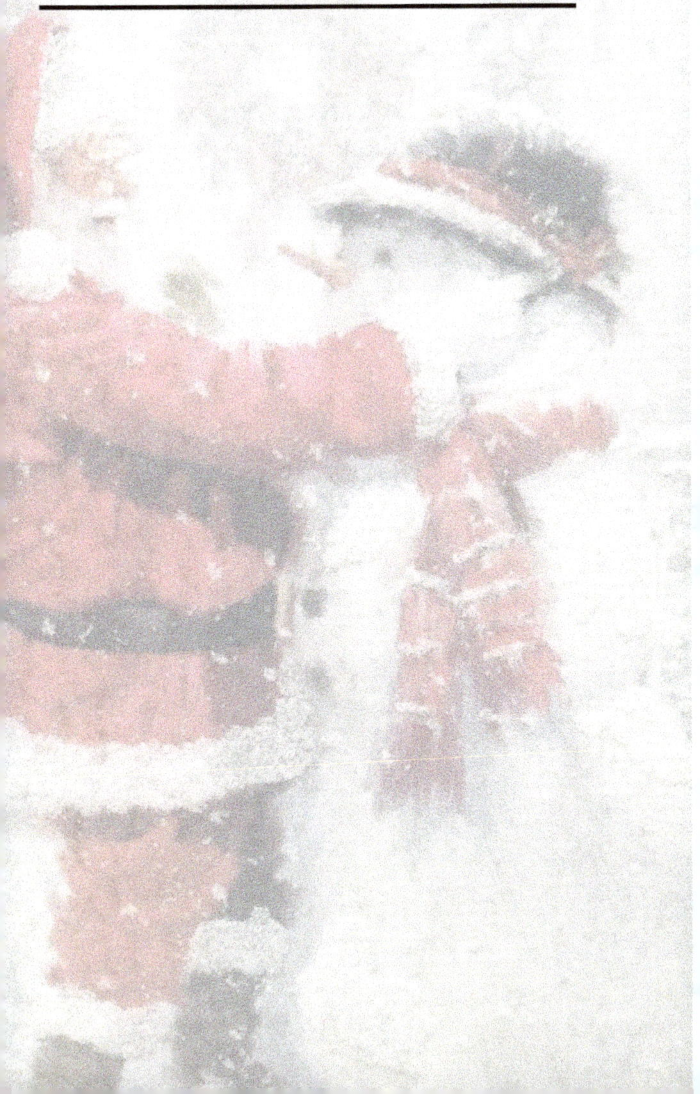

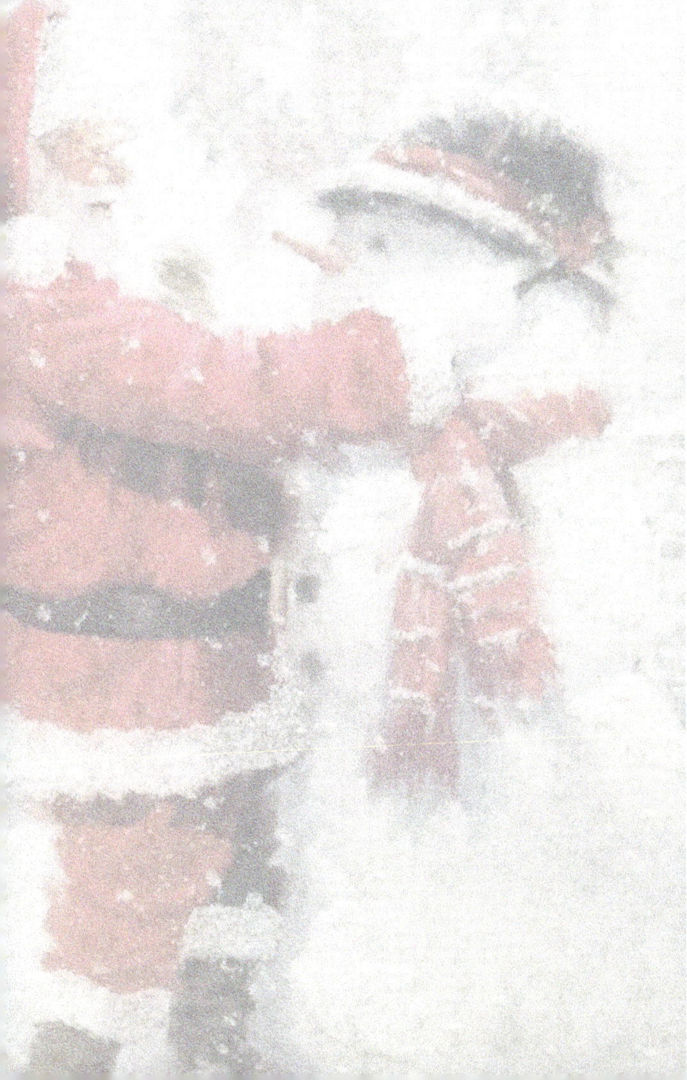

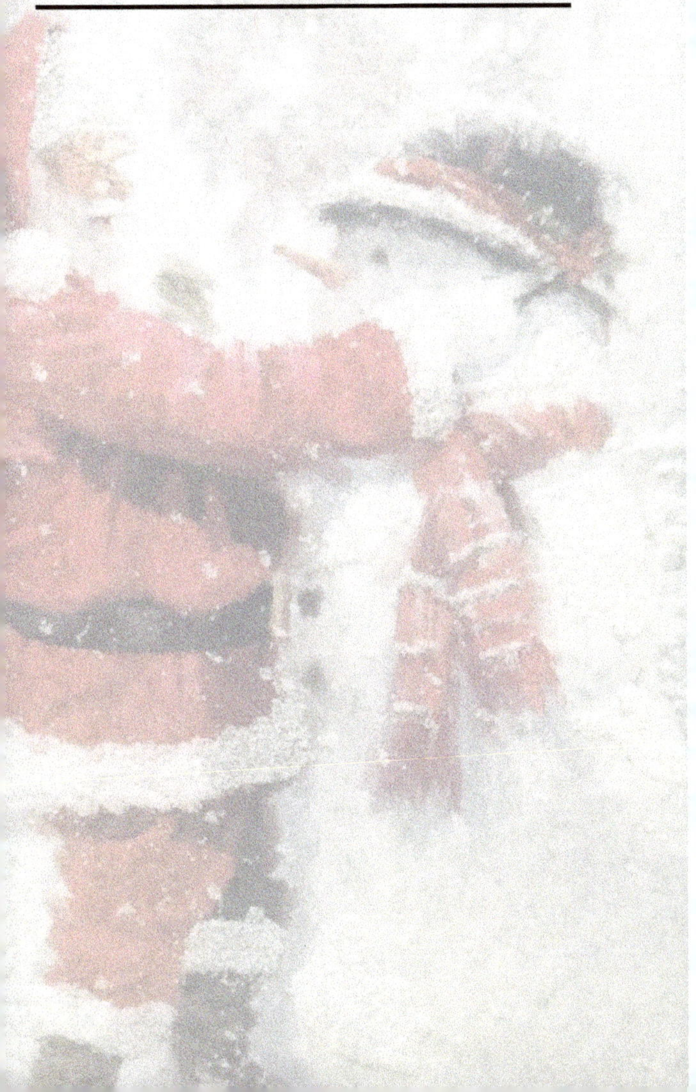

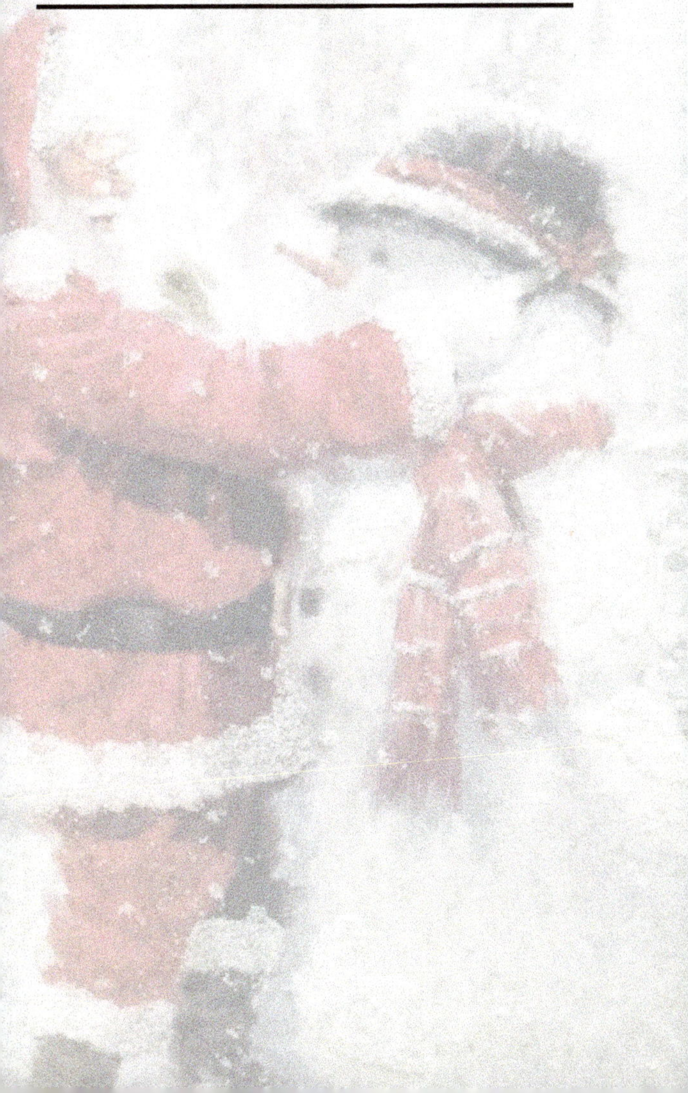

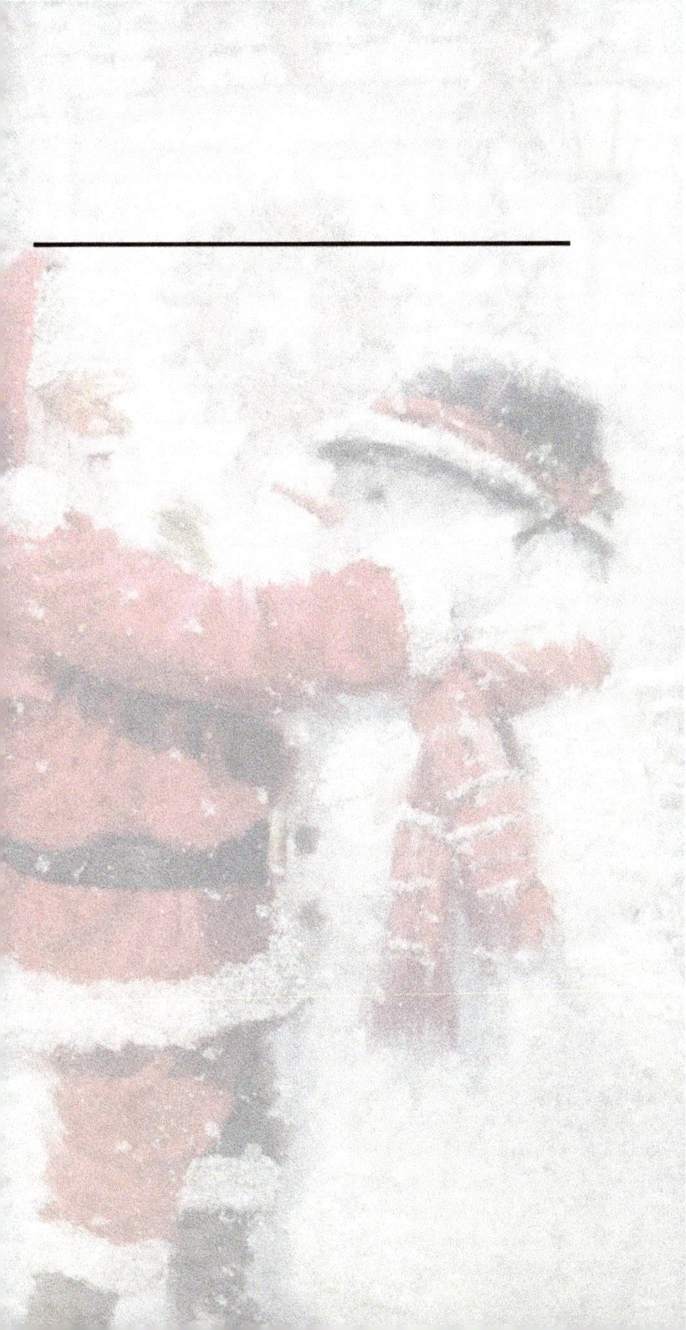

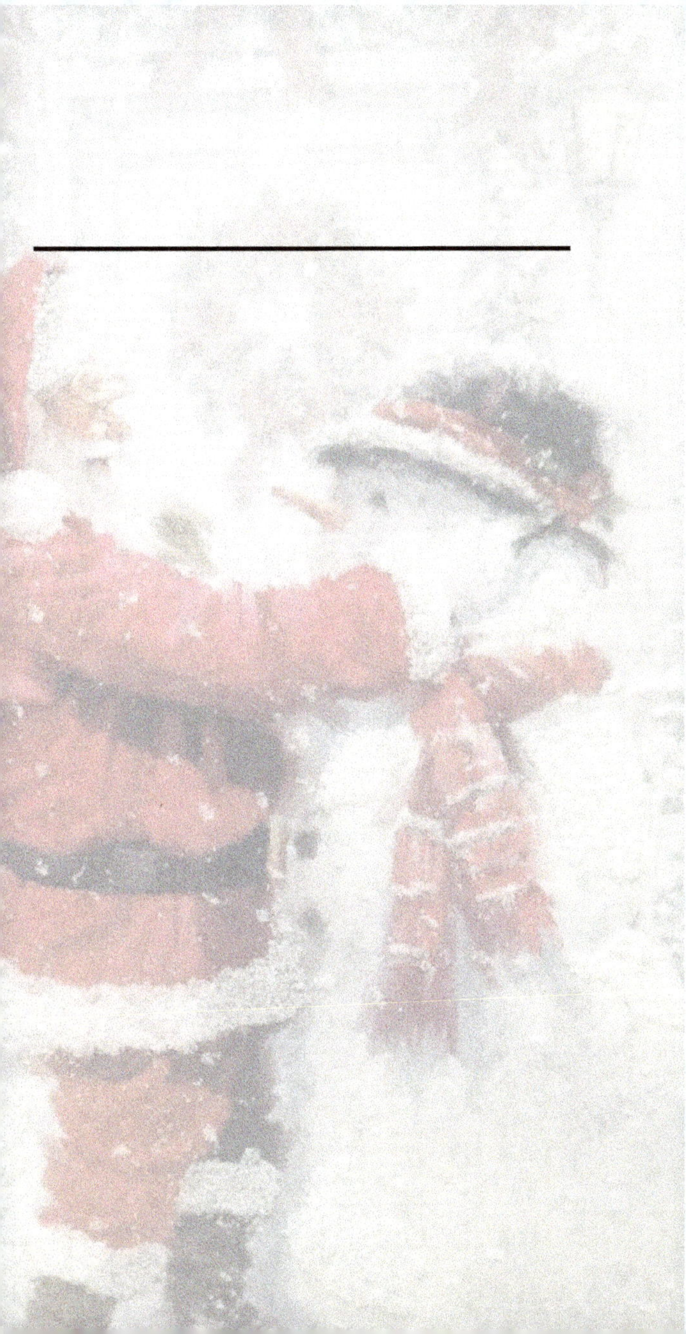

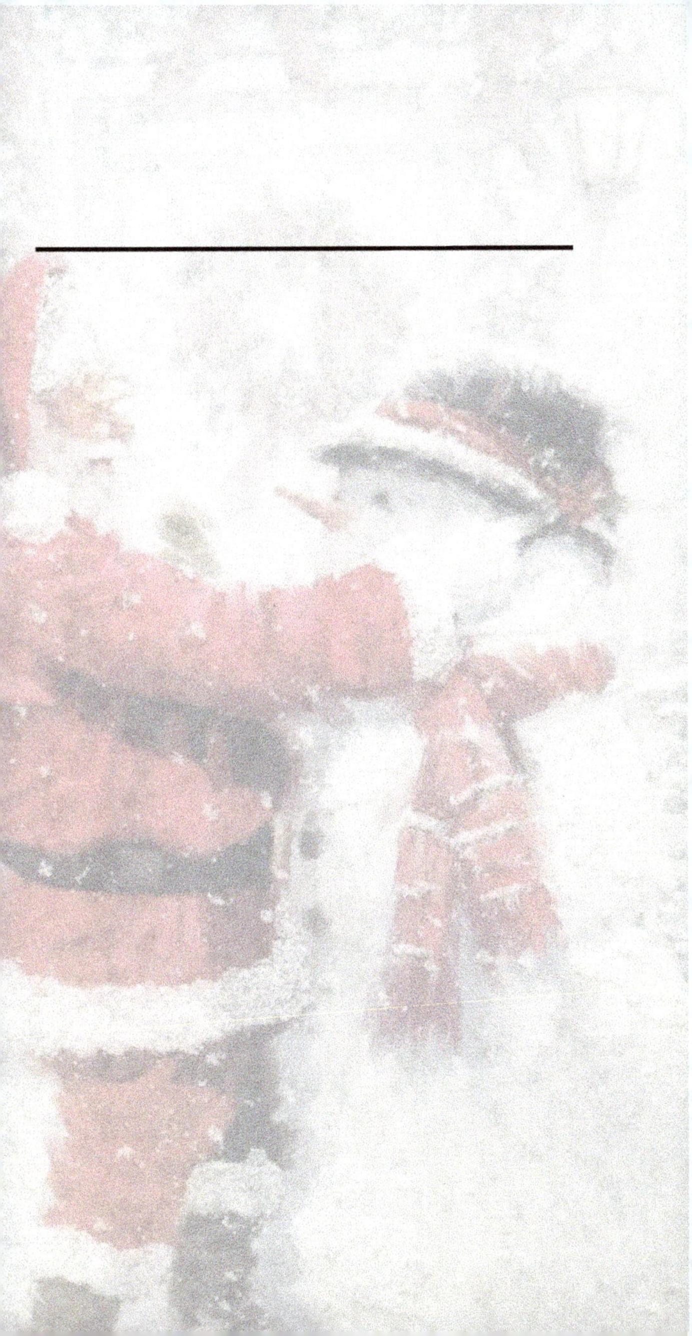

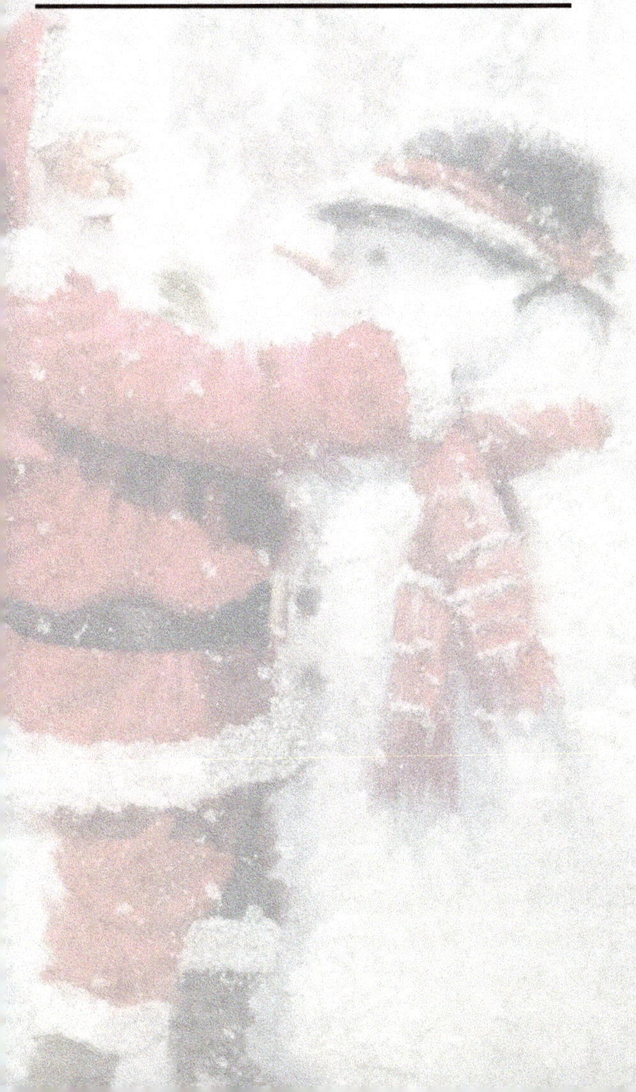

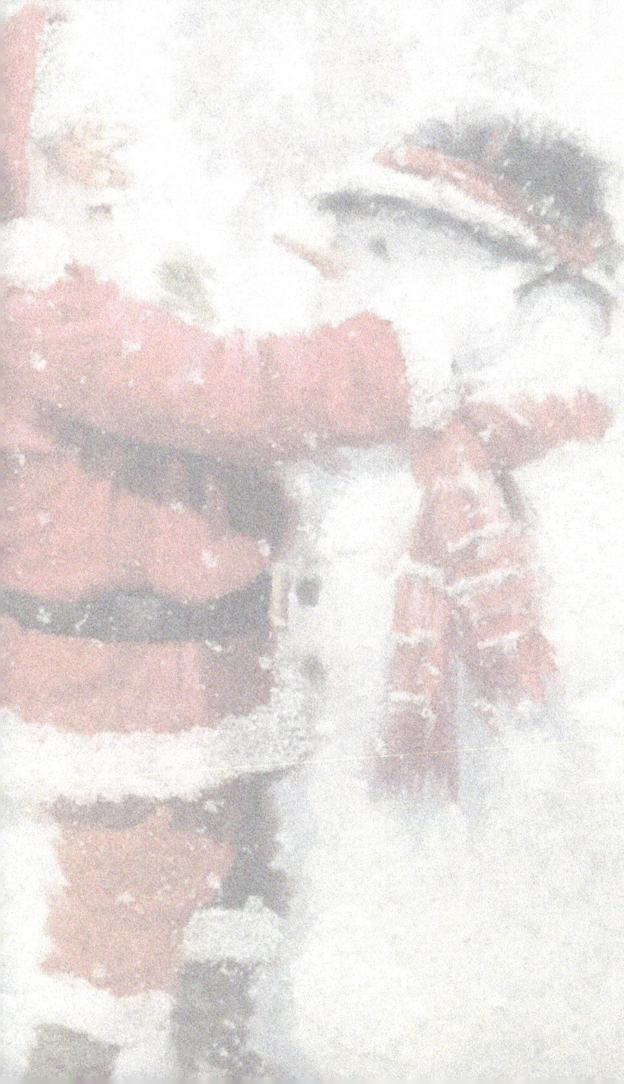

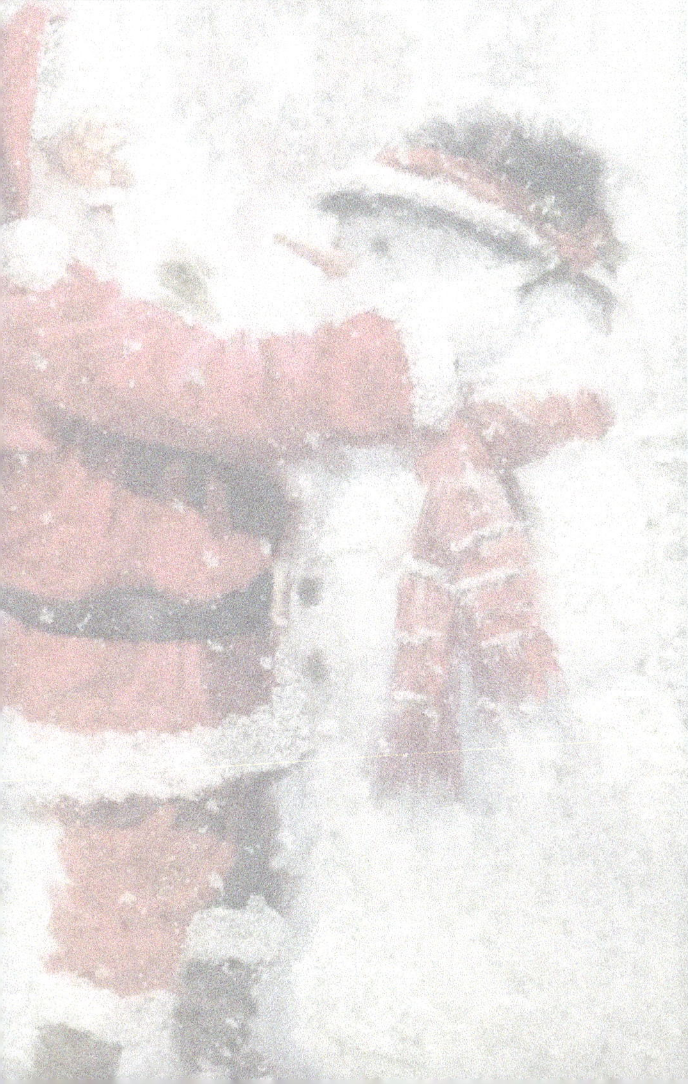

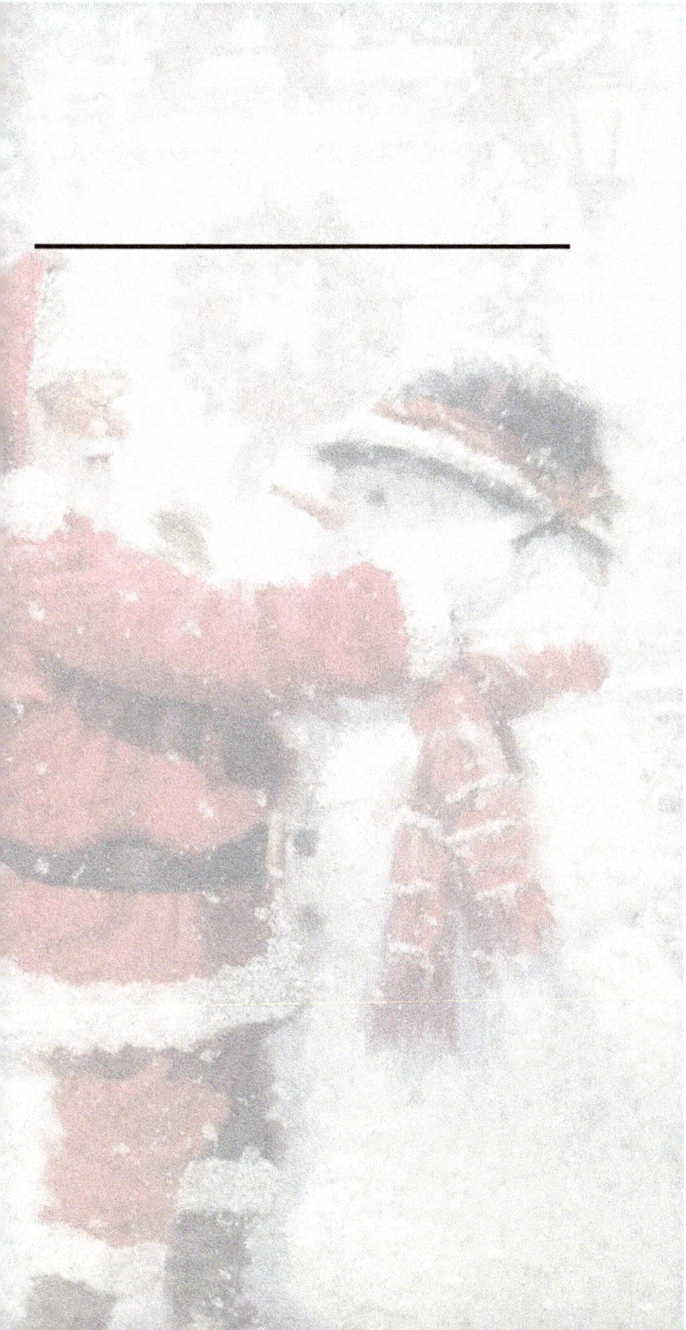

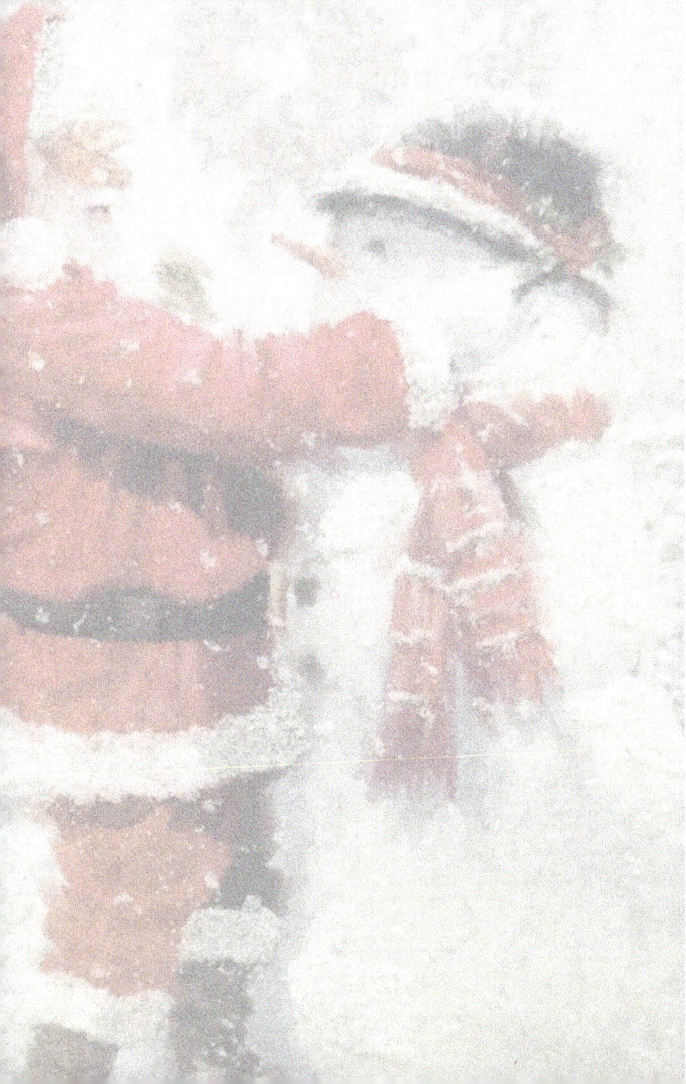

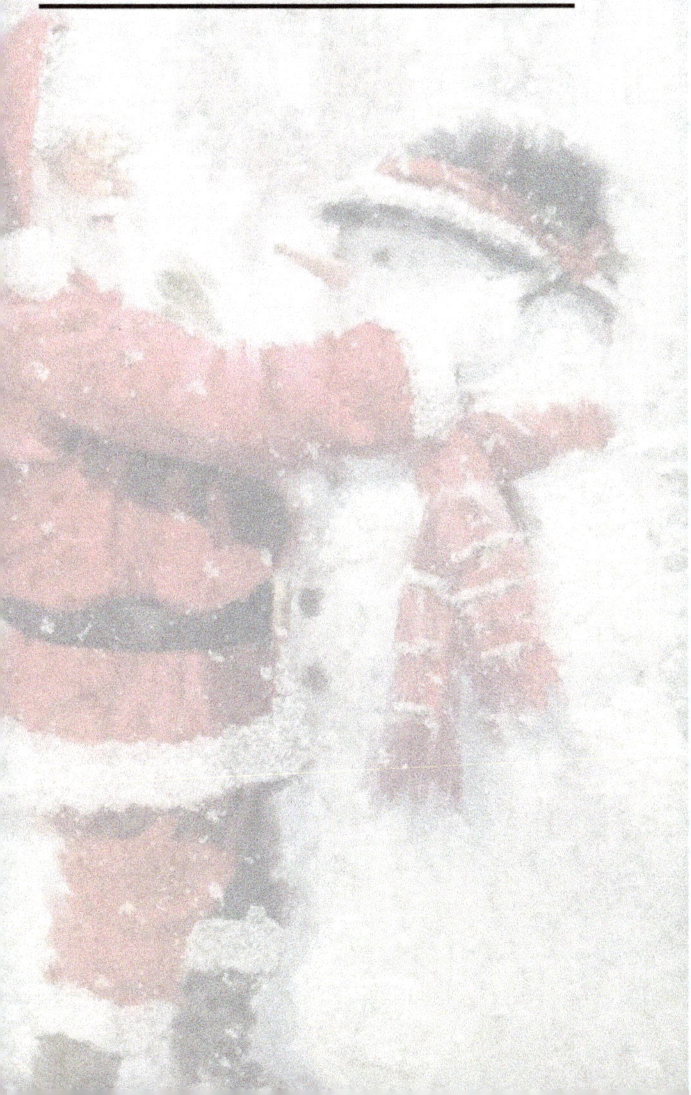

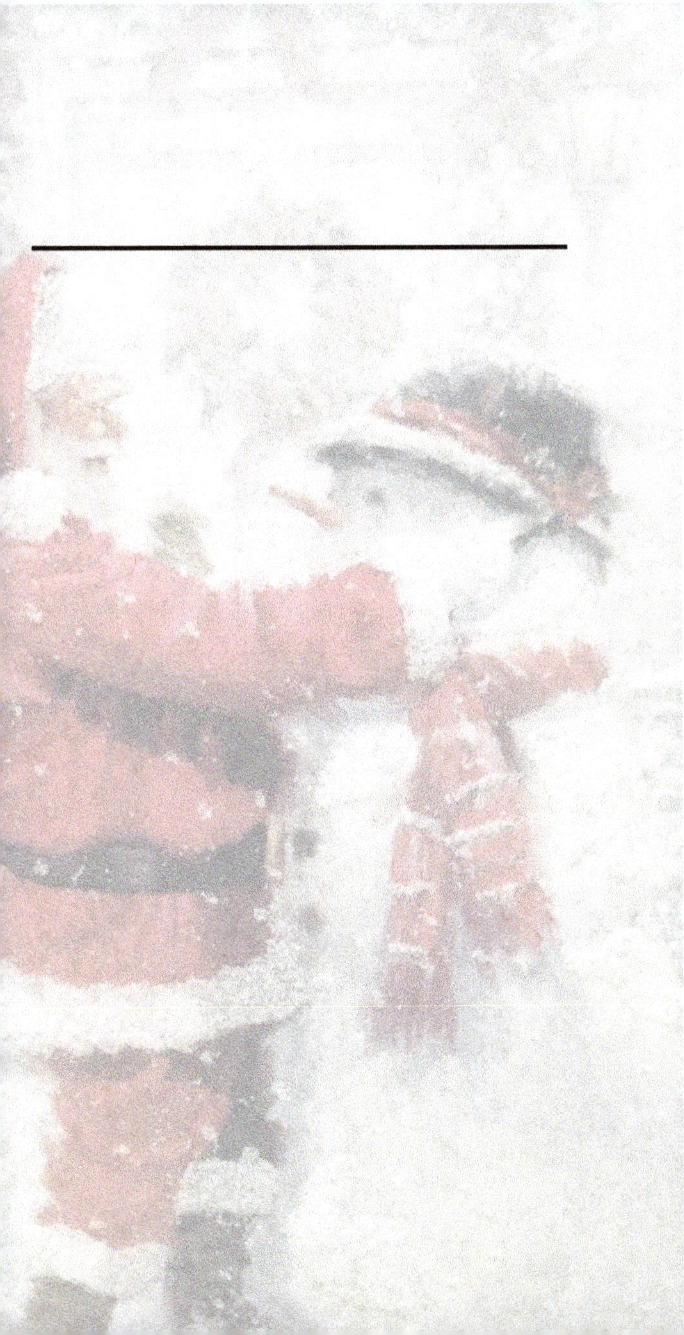

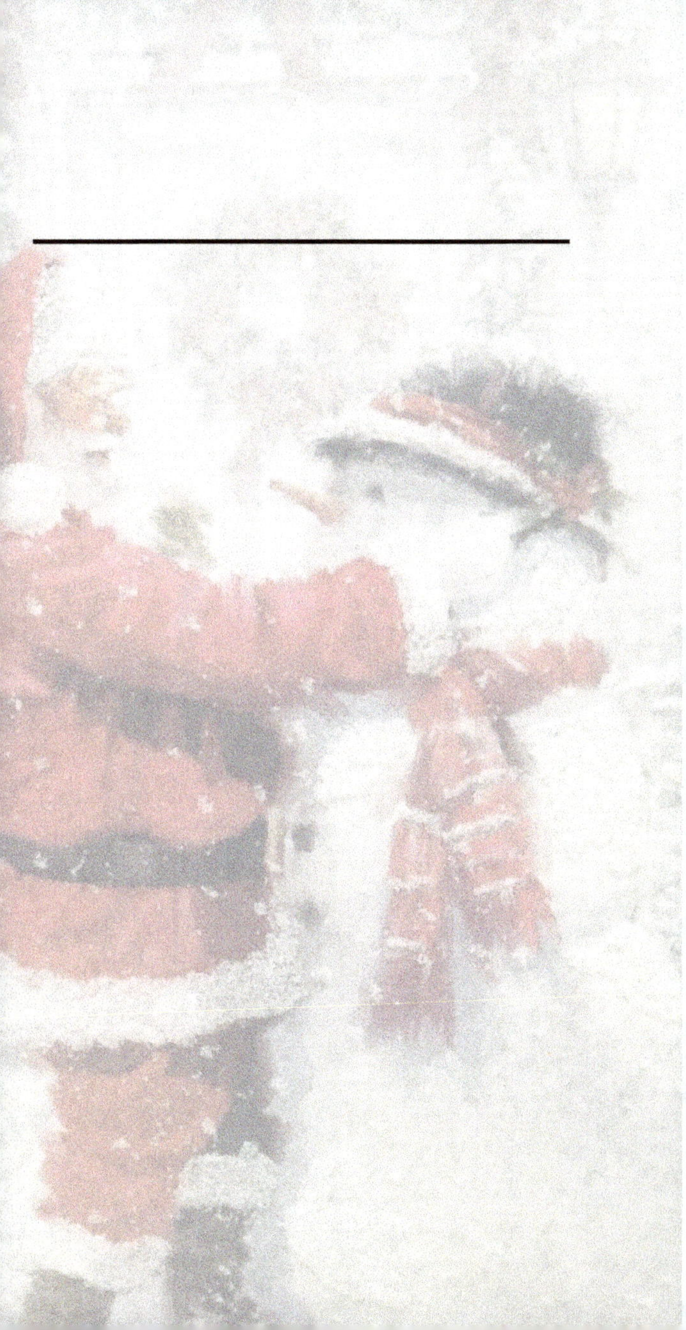

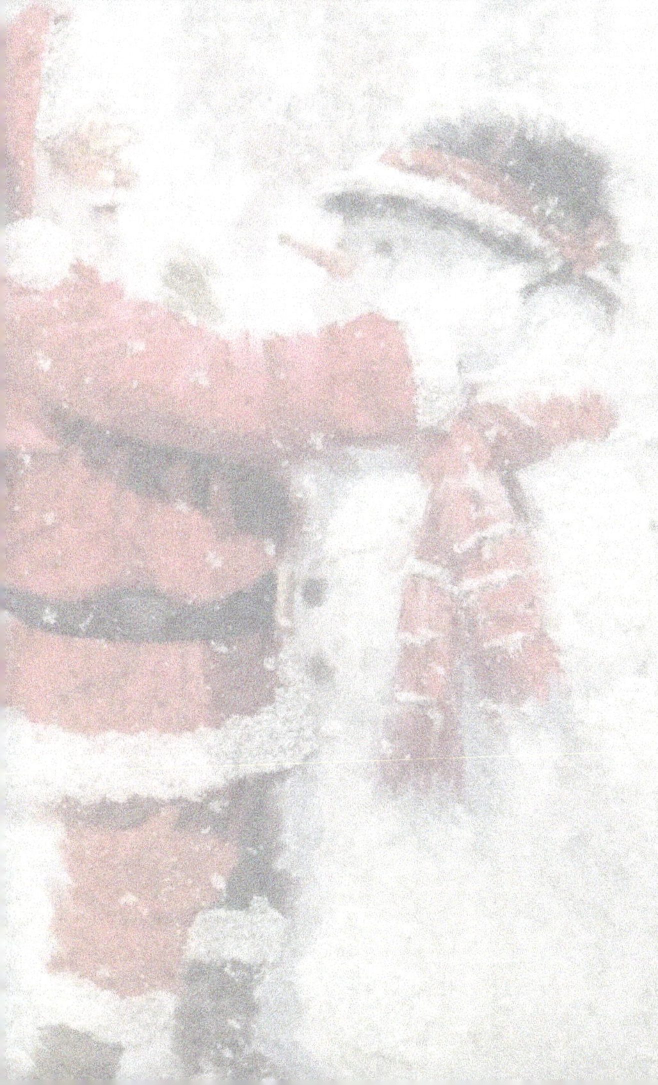

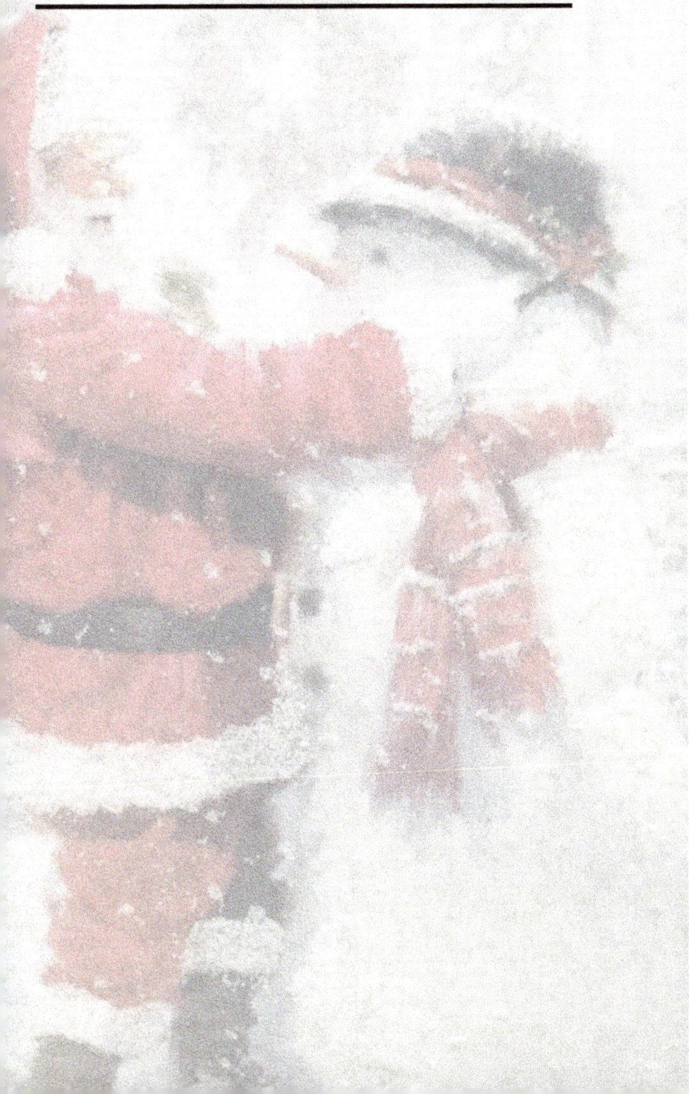

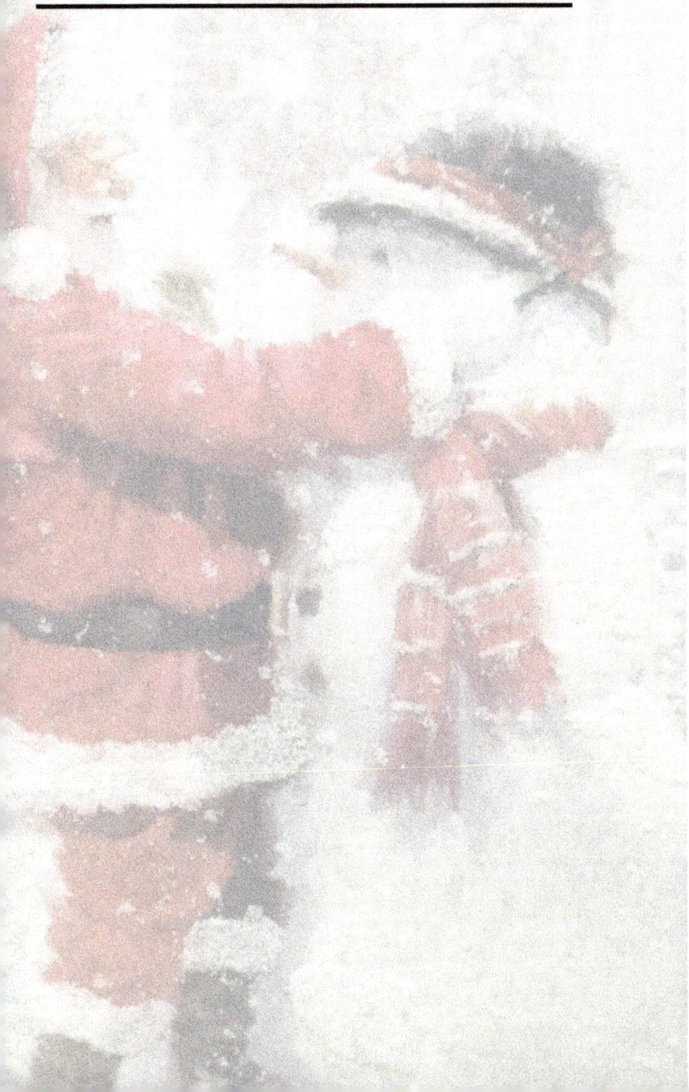

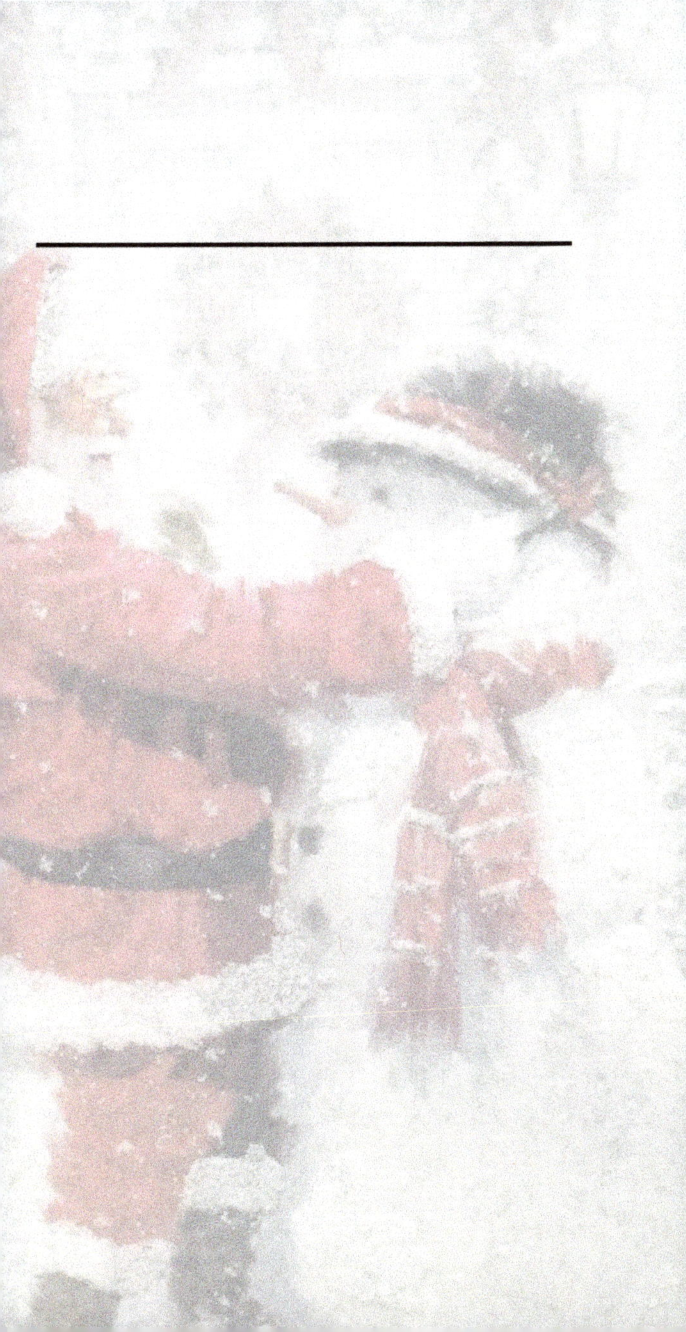

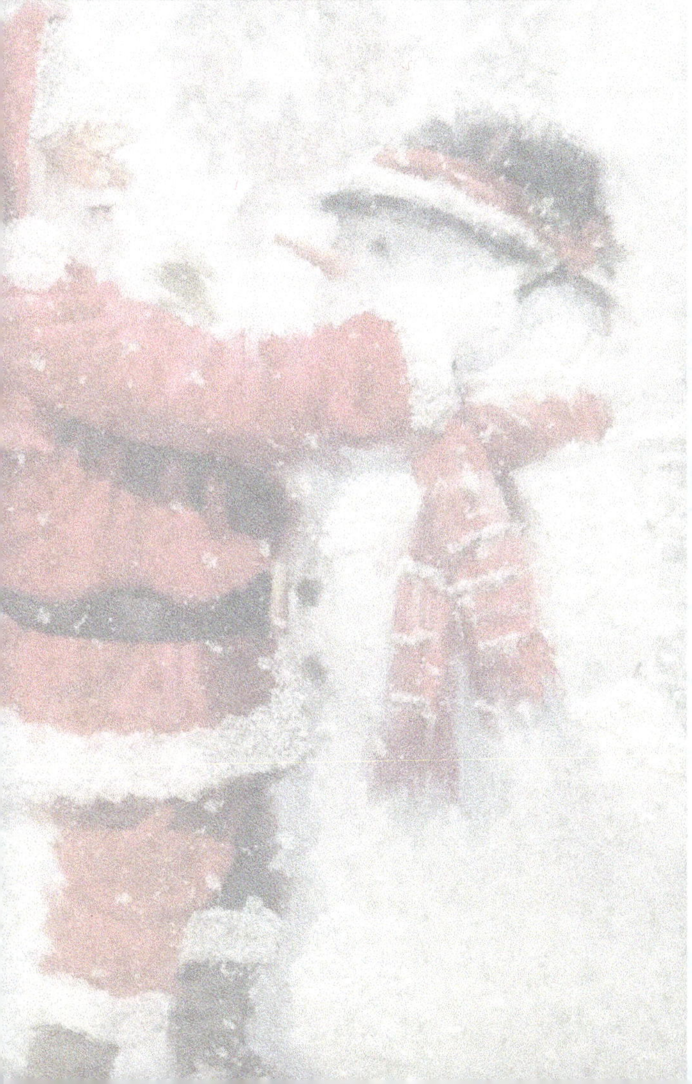

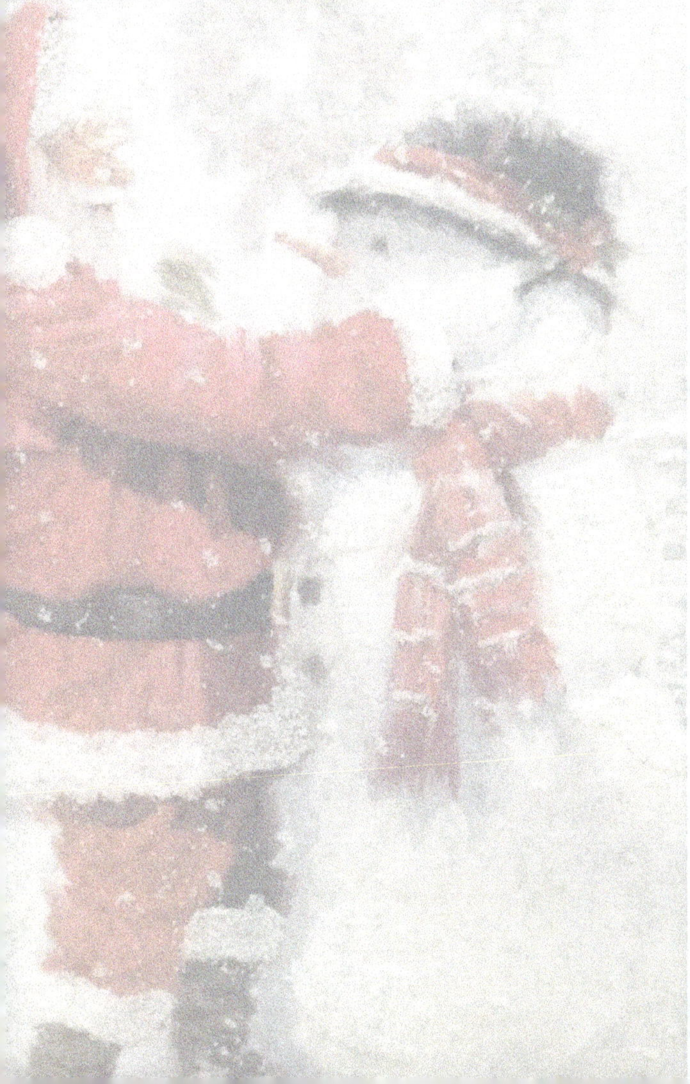

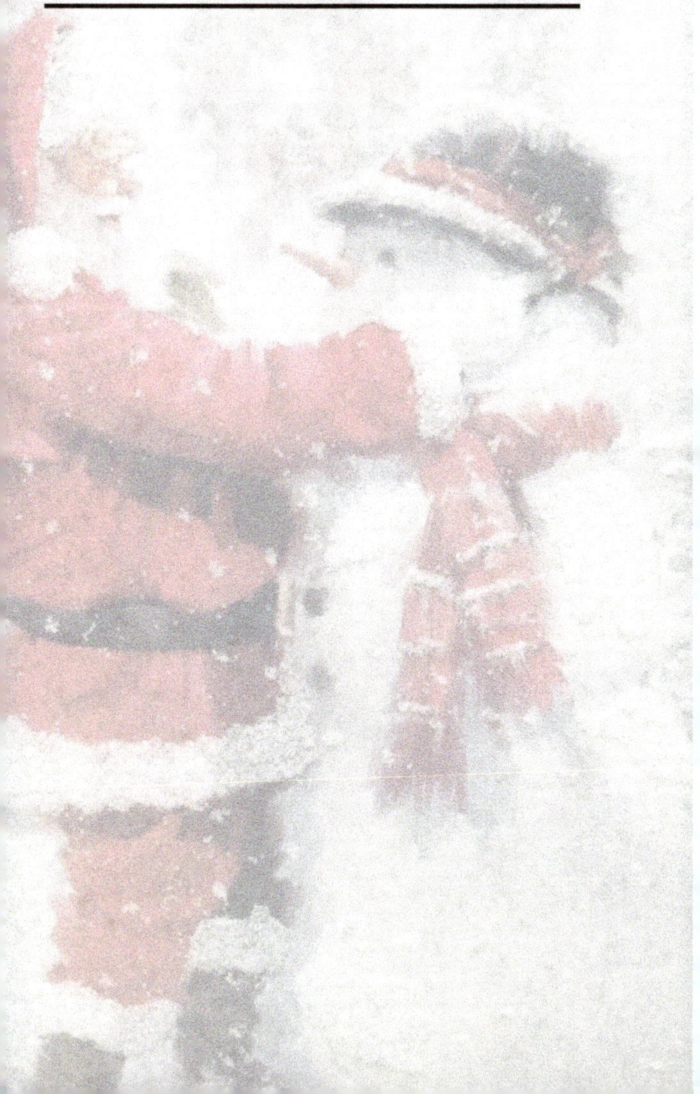

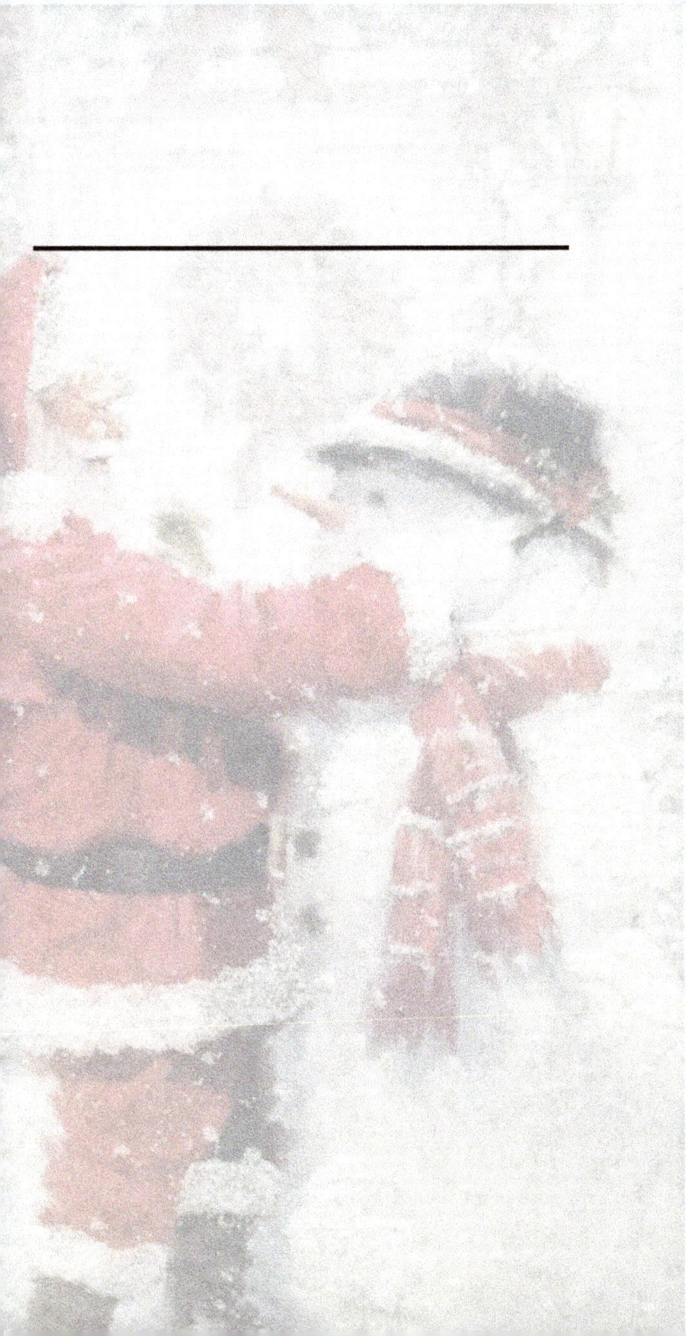

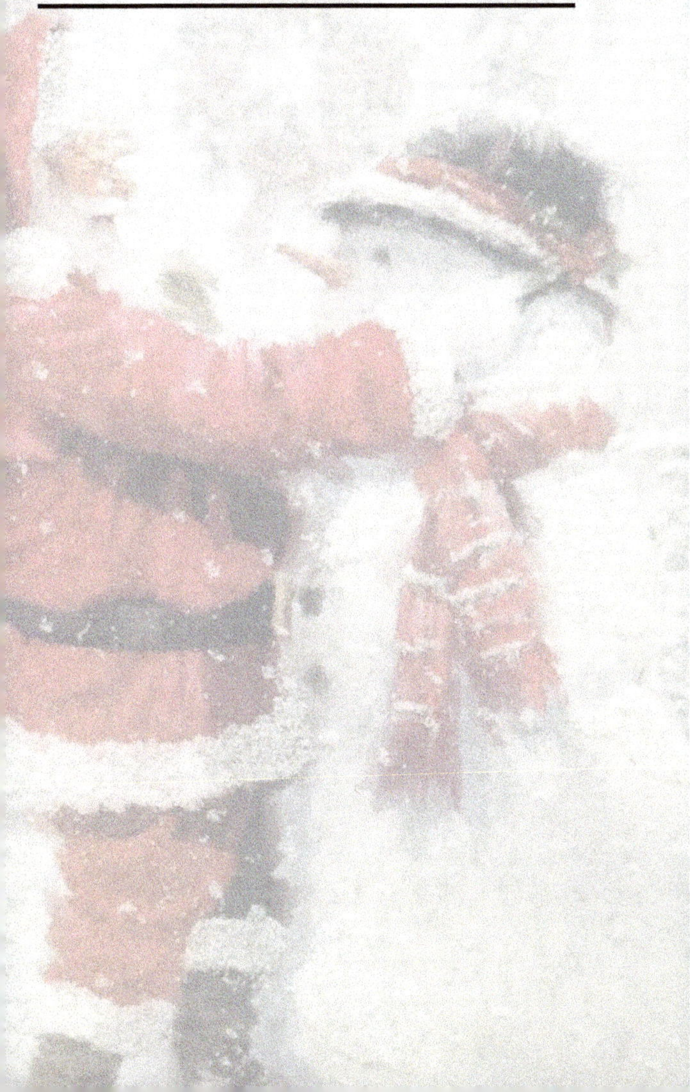

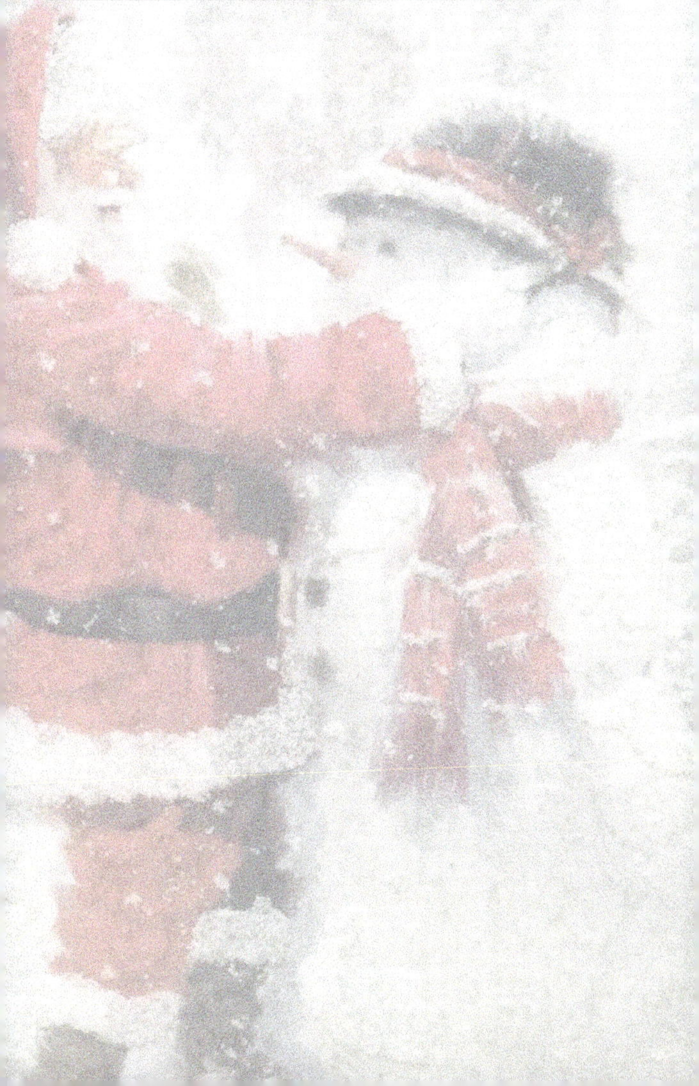

www.ingramcontent.com/pod-product-compliance
Lightning Source LLC
Chambersburg PA
CBHW052150070526
44585CB00017B/2049
* 9 7 8 1 6 3 6 5 7 2 7 3 4 *